Financeira Empresarial

José Antonio Rodrigues

DILEMAS NA GESTÃO

Financeira Empresarial

QUALITYMARK

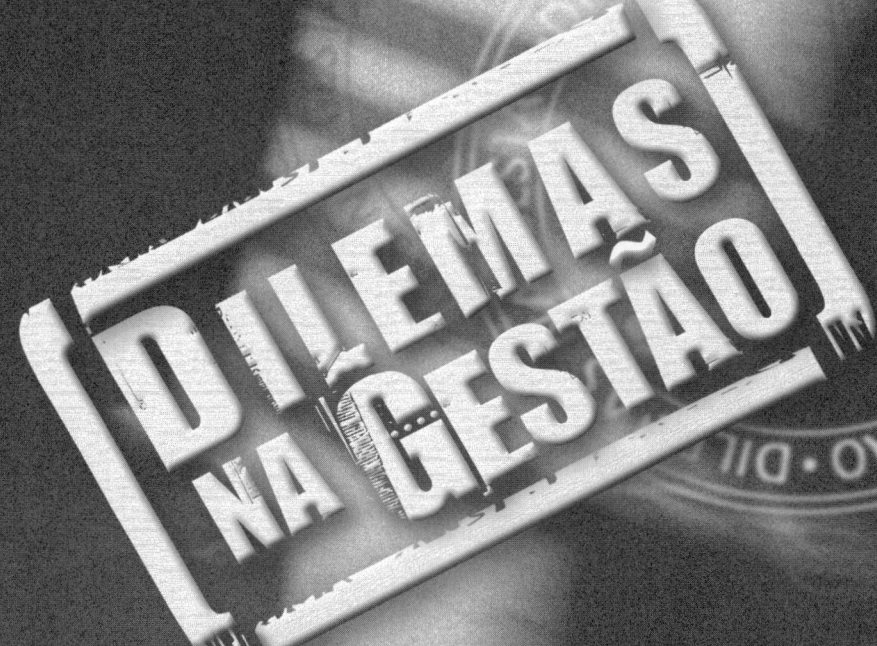

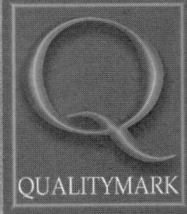

Copyright© 2003 by José Antonio Rodrigues

Todos os direitos desta edição reservados à Qualitymark Editora Ltda.
É proibida a duplicação ou reprodução deste volume, ou parte do mesmo,
sob qualquer meio, sem autorização expressa da Editora.

Direção Editorial
SAIDUL RAHMAN MAHOMED
editor@qualitymark.com.br

Produção Editorial
EQUIPE QUALITYMARK

Capa
WILSON COTRIM

Editoração Eletrônica
EDIARTE

CIP-Brasil. Catalogação-na-fonte
Sindicato Nacional dos Editores de Livros, RJ

R613d

Rodrigues, José Antonio
    Dilemas na gestão financeira empresarial / José Antonio Rodrigues. – Rio de Janeiro: Qualitymark Ed., 2003
    144p.:

Inclui bibliografia
ISBN 85-7303-408-4

1. Administração financeira. 2. Empresas – Finanças. I. Título.

03-0333

CDD 658.15
CDU 658.15

2003
IMPRESSO NO BRASIL

Qualitymark Editora Ltda.
Rua Teixeira Júnior, 441
São Cristóvão
20921-400 – Rio de Janeiro – RJ
Tel.: (0XX21) 3860-8422

Fax: (0XX21) 3860-8424
www.qualitymark.com.br
E-Mail: quality@qualitymark.com.br
QualityPhone: 0800-263311

AGRADECIMENTO

Meu profundo agradecimento aos trabalhos de apoio de meus filhos Fabiana e Felipe, no preparo e sugestões para esta obra, assim como à minha esposa Sonia pelo incentivo e orientação para sua execução.

PREFÁCIO

Onde quer que um estudioso ou um executivo se situe na área financeira empresarial ele se depara com dilemas. Várias apreciações e sugestões diferenciadas são emergentes em estudos e debates. Diferentes ângulos de argumentações têm que ser debatidos muitas vezes em cima de questões aparentemente simples, mesmo no campo da matemática financeira.

Esta obra é resultante de um trabalho meticuloso de coleção de temas, onde se destacam tais dilemas na área da gestão financeira empresarial. Cada assunto abordado é apresentado com os ângulos diferenciados de avaliação. Em seguida é feita a exposição sobre os prós e contras de cada ótica de análise.

Apesar de não ser exaustivo, o conjunto de informações coletadas e apreciadas deve servir como base relevante para a objetividade dos tratamentos e avaliações dos temas pelos estudiosos e executivos da área financeira.

Sumário

INTRODUÇÃO 1

1. CÁLCULO FINANCEIRO 3
TAXA DE JUROS SIMPLES OU COMPOSTA 5
TAXA DE JUROS NOMINAL E TAXA DE JUROS EFETIVA 7
TAXA DE JUROS NOMINAL E TAXA DE JUROS REAL 9
DESCONTO BANCÁRIO E PRAZO DO DESCONTO 11
SPREAD BANCÁRIO E *SPREAD* DE RISCO 13
TAXA NOMINAL E TAXA EFETIVA NA CAPITALIZAÇÃO EM SUBPERÍODOS 15
PARCELAMENTO SEM JUROS OU COM JUROS? 17

2. CONTABILIDADE E ANÁLISE ECONÔMICO-FINANCEIRA 19
DEMONSTRATIVOS DE ORIGEM E APLICAÇÃO DE RECURSOS OU DO FLUXO DE CAIXA 21
DIFERIMENTO DO EFEITO DA MAXIDESVALORIZAÇÃO PARA MELHORAR OS RESULTADOS DAS EMPRESAS 25
GASTOS, INVESTIMENTOS, CUSTOS, DESPESAS E DESEMBOLSOS 27
LUCRO OU GERAÇÃO DE CAIXA 29
ANÁLISE HORIZONTAL OU VERTICAL PARA MEDIR PERFORMANCES DE EMPRESAS 31
DEMONSTRATIVO DE LUCROS ACUMULADOS OU DE MUTAÇÕES DO PATRIMÔNIO LÍQUIDO? 35
LIQUIDEZ E SOLVÊNCIA 37
ALTA OU BAIXA LIQUIDEZ 39
LUCRO OU VALOR ECONÔMICO AGREGADO? 41
RELATÓRIO FINANCEIRO – COMPACTO OU DETALHADO 43
GERAÇÃO DE CAIXA AMPLA (EBITDA) E "*CASH-FLOW* BÁSICO" 45
IMOBILIZAÇÃO OU INVESTIMENTO 49
RESULTADOS OPERACIONAIS E NÃO-OPERACIONAIS 53
EBITDA E *CASH-FLOW* LIVRE 55

3. CUSTOS E RESULTADOS DA EMPRESA 57
CUSTO UNITÁRIO E CUSTO VARIÁVEL 59
CUSTOS E DESPESAS DE DEPRECIAÇÃO 63

NIVELAMENTO ECONÔMICO OU FINANCEIRO 65
DEPRECIAÇÃO E MANUTENÇÃO 69
CUSTEIO TRADICIONAL OU CUSTEIO ABC? 71

4. ESTRUTURA DE CAPITAL 75
CUSTO DE OPORTUNIDADE E CUSTO DE CAPITAL 77
EMPRÉSTIMO OU CAPITAL PRÓPRIO 79
VALOR PATRIMONIAL OU VALOR DE MERCADO 81
POR QUE RECOMPRAR AS PRÓPRIAS AÇÕES 83
PASSIVO TOTAL E CAPITAL PERMANENTE COMO FONTES DE RECURSOS 85
DIVIDENDO OU RETENÇÃO DE LUCRO 87
ANÁLISE FUNDAMENTALISTA OU ANÁLISE TÉCNICA PARA OS INVESTIDORES NA BOLSA DE VALORES? 89
COMPRA DE EMPRESAS COM DINHEIRO OU COM EMISSÃO DE AÇÕES? 91
COMPRA OU *LEASING*? 94

5. GESTÃO DO CAPITAL DE GIRO 97
CAPITAL DE GIRO OPERACIONAL OU FINANCEIRO 99
CAPITAL CIRCULANTE LÍQUIDO POSITIVO E NEGATIVO 101
TEMPOS MAGROS, CAIXA GORDO 103
GESTÃO OPERACIONAL E FINANCEIRA DO CAPITAL DE GIRO 105

6. MENSURADORES DE PERFORMANCES 107
MINHA MARGEM É DE 3% 109
TAXA DE RETORNO OU VALOR PRESENTE LÍQUIDO 111
VARIAÇÕES NAS TAXAS E NAS FRAÇÕES 113
SÉRIES TEMPORAIS DESESTACIONALIZADAS OU SIMPLES 115
MÉDIA E DESVIO-PADRÃO 117
TAXA DE RETORNO SIMPLES E TAXA INTERNA DE RENTABILIDADE 119
RENTABILIDADES CONTÁBEIS SOBRE INVESTIMENTOS 121
COMPARAÇÃO DE PROJETOS: *PAYBACK* OU TAXA INTERNA DE RETORNO OU VALOR PRESENTE LÍQUIDO 123
RELAÇÃO PREÇO-LUCRO: HISTÓRICA OU PROJETADA 127

INTRODUÇÃO

Este livro é resultante de um conjunto de pesquisas orientadas por indagações próprias de um leitor interessado em informações relevantes na área das finanças corporativas, especialmente relacionadas com divergências de opiniões e de avaliações existentes a respeito de conceitos, metodologias e resultados divulgados em entrevistas, estudos e publicações.

Os depoimentos, os casos, os debates, as imprecisões e os testemunhos polêmicos são os alvos deste trabalho. Não existe a intenção de crítica a pessoas ou organizações. A finalidade das exposições dos temas é somente a de fixar as questões debatidas, arrolando argumentos e conclusões adotadas pelos lados em oposição.

A opinião do autor desta obra também é emitida em alguns temas, na medida da oportunidade em adicionar argumentos e informações no âmbito da gestão financeira das organizações.

O objetivo maior dessa coleção de temas selecionados é focar os dilemas e dualidades que geralmente ocorrem na área financeira, desde o campo da matemática financeira, seguindo pelas análises econômico-financeiras e indo para o ambiente das finanças corporativas em sete grupamentos básicos: cálculo financeiro, contabilidade e análise econômico-financeira, custos e resultados da empresa, estrutura de capital, gestão de capital de giro, mensuradores de performances.

As principais controvérsias e debates travados são limitados e comentados sob os diversos ângulos existentes. A expectativa do autor é que essa acumulação de informações agregue valor aos debates e aos conceitos organizados pelos livros financeiros didáticos, enriquecendo os estudos e as práticas de gestão financeira.

A seleção dos assuntos foi direcionada pela importância e prioridade dos temas discutidos na área da gestão financeira dos negócios. Foram destacados os mais freqüentes temas financeiros envolvidos em dilemas conceituais ou metodológicos. Vale observar que este trabalho não esgota os casos existentes dentro dessa ótica de apreciação de temas tratados na mídia ou em livros didáticos da área.

    A expectativa é fornecer aos leitores, leigos ou especialistas um acervo atualizado de avaliações de várias matérias, destacando de forma sintética os pontos-chave que a eles se vinculam, procurando esclarecer as dúvidas e divergências existentes em torno de apoios e críticas aos inúmeros assuntos relevantes reunidos.

1
CÁLCULO FINANCEIRO

TAXA DE JUROS SIMPLES OU COMPOSTA

Tema

No mercado financeiro, os cálculos relativos a juros, prestações, empréstimos, amortizações, descontos e outras variáveis seguem dois critérios básicos: o regime de juros simples e o regime de juros compostos. O primeiro, em geral, se aplica a operações de curto prazo, e o segundo para horizontes de médio e longo prazos. Entretanto, há algumas dúvidas sobre adequação, conveniência e vantagens do uso de cada regime nos cálculos envolvendo as finanças empresariais e as operações bancárias. Vale lembrar que, no regime de juros simples, os juros que remuneram certo capital em cada período de tempo básico são calculados através de um percentual fixo do capital inicialmente aplicado ou emprestado. No regime de juros compostos, no final de cada período os juros correspondentes a esse período são acumulados ao valor do capital rendido, de forma que no período subseqüente o montante formado passe a render novos juros. Nesse regime acontece a capitalização dos juros ao montante, de sorte que ele também é chamado de regime de capitalização composta.

Comentário

De acordo com suas premissas, o regime de juros simples é menos complexo do que o regime de juros compostos. O valor do juro e do montante rendidos após certo período é proporcional ao período da operação. As fórmulas dos juros simples são funções lineares, o que permite cálculos menos complexos. Problemas de juros simples costumam ser solicitados em provas de concursos públicos no quesito matemática financeira, pela possibilidade de cálculos rápidos e sem uso de calculadoras financeiras.

No regime de juros compostos, os juros rendidos em determinado período são capitalizados ao principal do início do período de capitalização, para formar o montante que renderá juros no período seguinte. Serão acumulados seqüencialmente juros sobre juros. As fórmulas dos juros compostos são mais complexas, envolvendo funções exponenciais, tendo como expoente a variável número de períodos de aplicação da operação.

Comparando-se os dois regimes no tocante à capitalização, à identificação de montantes futuros, usando-se o mesmo percentual como taxa de juros simples ou composta, o montante maior será obtido no regime de juros compostos, por causa da capitalização dos juros. Em operações de desconto de um título, adotando-se um dos dois regimes (simples ou composto), o valor presente do título, calculado como valor descontado do montante final, será maior no caso de idênticas taxas de desconto de referência se o regime for simples. Um título de R$ 1.000 com desconto simples de 5% ao ano sobre o valor de face, feito em 3 anos, terá na data atual o valor (descontado) de R$ 1.000 − 3 x 5% x R$ 1.000 = R$ 850, enquanto pelo regime de desconto composto o valor desse título seria $(1 - 0,05)^3$ x R$ 1.000 = R$ 857,38.

Cabe lembrar também que as operações de curtíssimo prazo ligadas a financiamento de títulos públicos têm a praxe de operacionalizar a chamada taxa over, abrangendo os dois regimes básicos da taxa de juros, para aplicações em seqüência de dias úteis. Caso a taxa over seja de 2% ao mês (referida ao mês) a taxa efetiva da operação em dia útil é a taxa simples equivalente a $\frac{2}{30}$% ao mês = 0,0667% ao dia, com mês de 30 dias. Essa taxa efetiva é aplicada na operação de hoje para amanhã, próximo dia útil. Se for repetida n = 3 vezes, a taxa efetiva de 0,0663% ao dia equivalerá, no regime de juros compostos, a 0,2002% ao final dos 3 dias de aplicação.

TAXA DE JUROS NOMINAL E TAXA DE JUROS EFETIVA

Tema

Qualquer contrato referente a uma operação financeira deve, em seus termos básicos, indicar as condições a serem vigentes no período fixado, destacando-se a taxa de juros estipulada. A taxa declarada, em base da moeda corrente se denomina taxa nominal de operação. Nem sempre essa taxa nominal de juros representa o custo ou o rendimento efetivo da operação. A taxa efetiva de juros deve corresponder à realidade da remuneração paga ou recebida na operação financeira. Vários motivos podem ser encontrados para justificar a diferenciação entre taxa efetiva e taxa nominal, variando desde a simples diferença entre critérios e períodos de capitalização dos juros, passando pela taxa de cobrança antecipada de juros calculados com base no total do período da operação, com o pagamento sendo feito de uma só vez no início da operação ou em parcelas periódicas ao longo do período total.

Comentário

Uma taxa anual de 12% não equivale à taxa mensal de 1% ao mês no regime de juros compostos. Efetivamente, aplicar ou cobrar 1% ao mês representa a taxa efetiva anual de 12,68% ao ano. Em outro caso, de empréstimo feito à taxa de 12% ao ano, nominalmente referida, para ser reembolsado de uma vez ao final do ano, a taxa efetiva será exatamente de 12% ao ano caso os juros da operação só sejam cobrados também ao final da operação. Na hipótese de os juros de 12% ao ano serem cobrados antecipadamente – como acontece nas operações de empréstimos de curto prazo com base em desconto de duplicatas de cada R$ 100 emprestados, somente será disponibilizado para o mutuário o valor de R$ 88. No final do ano, tendo o mutuário que pagar os R$ 100 do empréstimo, a taxa efetiva que lhe está sendo cobrada é de $\frac{R\$\ 12}{R\$\ 88} = 13{,}64\%$. Caso o banco ainda exija, para a concessão do empréstimo, a manutenção de recursos congelados na conta bancária do mutuário, a título de saldo médio, a taxa efetiva será ainda maior. No exemplo, caso seja exigida retenção de 20% do empréstimo adicionalmente à cobrança antecipada dos juros, o mutuário só recebe líquido, inicialmente, recursos líquidos do empréstimo no valor de R$ 88 – R$ 20 = R$ 68. No final de um ano terá que providenciar efetivamente recursos no valor de R$ 80 (para completar R$ 100 com os R$ 20 retidos no saldo médio). Conseqüentemente sua taxa de juros efetiva na operação terá sido de:

$$\frac{(R\$\ 80 - R\$\ 68)}{R\$\ 68} = \frac{R\$\ 12}{R\$\ 68} = 17,65\%$$

Outra maneira engenhosa de aumentar a taxa de juros efetiva de uma operação é calcular a prestação de reembolso de um empréstimo mediante incorporação de juros referentes ao período total do empréstimo, não levando em conta o fato de que, ao longo do tempo, o empréstimo está sendo progressivamente amortizado. Exemplificando: R$ 1.000 emprestados por 10 meses, à taxa de juros nominal de 3% ao mês, poderá ser reembolsados por 10 prestações mensais de:

$$\frac{(R\$\ 1.000 + 0,03 \times R\$\ 1.000)}{10} = R\$130/\text{mês}$$

Um empréstimo de R$ 1.000 para ser reembolsado por 10 prestações mensais iguais de R$ 130 corresponde a uma taxa efetiva de juros de 5,08% ao mês. Para que tal empréstimo tivesse a taxa de juros efetiva de 3% ao mês, cada um das 10 prestações mensais deveria ser do valor de R$ 117,23, conforme o cálculo de equivalência financeira adequada.

Muito cuidado deve ter o interessado em contrair empréstimo ou aplicar seu capital. Ele deve procurar identificar sempre a taxa de juros efetiva inerente à operação. O conhecimento preciso do *Cash-Flow* dos valores envolvidos na operação é providência essencial. Depois, o trabalho fica a cargo de uma competente calculadora financeira.

TAXA DE JUROS NOMINAL E TAXA DE JUROS REAL

Tema

Quando se aplica um certo capital conhece-se a taxa de juros informada em termos nominais para cálculo do rendimento da aplicação. Na análise de performance de uma variável econômica como a receita de vendas, o pagamento de salários, os lucros empresariais, suas taxas de variação são calculadas com base nos termos da moeda corrente com que são registradas na contabilidade e nos demonstrativos financeiros. Quando o ambiente econômico era altamente inflacionário, tornava-se questão vital o trabalho de cálculo das taxas de rendimento ou de variações reais, deduzindo-se dos altos níveis de taxas nominais inflacionadas a variação dos preços ocorrida (através do comportamento de um índice de preços escolhido), de modo a ser conhecida a taxa real atingida, aquela que traduz o rendimento ou a performance em um ambiente ajustado onde não houvesse variação no poder aquisitivo da moeda.

Comentário

Quando existe um ambiente em que os níveis de inflação são baixos, acomodados e flutuantes, na faixa de 0,2% a 0,5% ao mês, praticamente não existe o interesse em se medir a taxa real de juros, contentando-se a maioria dos agentes financeiros em olhar apenas as taxas de juros nominais conseguidas nas operações financeiras e as variações nominais relativas das performances empresariais.

Cabe indicar que essa mudança cultural muito sadia, incentivada e até obrigada pelo Governo, ao não permitir quase nenhuma formal indexação contratual pelo menos nos prazos inferiores a um ano, entretanto, pode provocar ilusões de ganhos nas áreas dos investimentos e avaliações de desempenho dos negócios. Apesar de as taxas de inflação serem agora baixas, é importante se fazer um cálculo complementar ilustrativo dos ganhos e variações reais conseguidas, para tomada de decisões e comparações de performances inclusive internacionais.

Quando as taxas são "estratosféricas", tanto de juros como da inflação, há que se ter um cuidado especial nos cálculos. Se a aplicação é feita na taxa nominal de 8% ao mês, e se a inflação se situa em 5% ao mês a taxa real da aplicação é 2,86% ao mês ou 40% ao ano. Se a receita de vendas cresce 100%, mas com a inflação variando 80%, a taxa de crescimento real das vendas fica em 11% e não 20%, como pode parecer inicialmente. Vale observar que a taxa de variação real não é exatamente igual à diferença entre a taxa de variação nominal e a taxa de inflação no período.

A fórmula que calcula a taxa real é:

$$i_r = \frac{(i_n - t)}{1 + t}$$

onde:

i_n = taxa nominal (centesimal);

e

t = taxa de inflação (centesimal)

Se a taxa de inflação for muito baixa, a taxa real tenderá a se aproximar da diferença entre a taxa nominal e a taxa de inflação. Se a aplicação for realizada à taxa de 2% ao mês e a inflação se posicionar na taxa de 0,2% ao mês, a taxa real será de 1,796% ao mês (calculada pela fórmula). Se a taxa de inflação ficar perto de 2%, por exemplo, a 1,7% ao mês, então a taxa real será de 0,295%, próxima também da diferença 2% – 1,7% = 0,30%.

DESCONTO BANCÁRIO E PRAZO DO DESCONTO

Tema

Uma das operações de financiamento bancário mais praticadas é a do desconto de um título de crédito comercial de curto prazo. A empresa que necessita de dinheiro para cobrir lacunas financeiras ou reforçar seu caixa apresenta ao banco uma série de duplicatas representativas de vendas a prazo. Uma dúvida que existe no mercado é se operações com prazos de 30 dias são equivalentes financeiramente àquelas de prazos de 60 ou de 90 dias, cobrando-se a mesma taxa de desconto em todas as operações.

Comentário

Para um mesmo prazo operado para desconto de diversos títulos é certo que, quanto maior for a taxa de desconto aplicada maior será a taxa de juros efetiva cobrada.

Caso a taxa de desconto seja a mesma utilizada para descontar diversos títulos, com prazos de vencimento diferenciados, demonstra-se que as taxas de juros cobradas efetivamente pela instituição financeira serão crescentes à medida que se ampliem os prazo do período de desconto dos títulos. Para um título de R$ 100 vencível daqui a 30 dias, sendo cobrada a taxa de 3% ao mês, para desconto, corresponderá a taxa efetiva mensal de $\frac{R\$ 3}{R\$ 97}$ = 3,093% ao mês. No caso de o título ser descontado por um período de 2 meses (60 dias) pela mesma taxa de desconto comercial de 3% ao mês, a taxa efetiva do período de 60 dias será de $\frac{R\$ 6}{R\$ 94}$ = 6,383%, o que equivale à taxa efetiva composta mensal de 3,142%. Se o prazo descontado do título fosse de 3 meses (90 dias) a taxa efetiva do período trimestral seria de $\frac{R\$ 9}{R\$ 91}$ = 9,890%, equivalente à taxa efetiva composta de 3,194% ao mês.

Como se depreende, a taxa efetiva mensal vai crescendo à medida que aumenta o prazo do período do desconto, valendo a mesma taxa do desconto comercial para todas as operações. O conhecimento dessa propriedade, para a gerência financeira de curto prazo de uma empresa, é fundamental para o caso de a empresa, tendo vários títulos disponíveis para operação de desconto, com prazos diferenciados, dar precedência aos títulos de menores prazos a decorrer, para que pague ao banco menores taxas efetivas.

A fórmula que permite o cálculo da taxa efetiva composta (mensal) **i**, correspondente a um desconto bancário de taxa comercial **d** (centesimal) mensal, num título descontado, a **n** meses de seu vencimento é:

$$i = \sqrt[n]{\frac{1}{1-nd}} - 1$$

SPREAD BANCÁRIO E SPREAD DE RISCO

Tema

Em períodos recentes, o Banco Central do Brasil tem divulgado estatísticas dos valores das médias dos *spreads* bancários no país. Adicionalmente, o mercado financeiro realiza estudos e acompanhamento dos posicionamentos regulares dos *spreads* de risco referentes aos títulos do país, negociados no mercado financeiro internacional juntamente com *spreads* de risco de outros países, especialmente Argentina, cuja economia passa por fase de grande turbulência. O risco-Brasil é medido, com freqüência, por esse indicador. Persistem ainda algumas dúvidas na sociedade brasileira acerca desses dois conceitos financeiros básicos.

Comentário

Os dois conceitos de *spread* (diferencial) não devem ser confundidos.

O *spread* bancário é obtido pela diferença entre os custos de captação dos recursos com que o banco opera (exceto recursos próprios) e os custos dos empréstimos e financiamentos efetuados com os recursos captados pelos bancos. O *spread* bancário serve para a geração de recursos nas próprias operações do banco, destinados a cobrir suas despesas operacionais estruturais e a obtenção de lucro, se sobrarem recursos. Em setembro de 2001, a taxa de juros média dos empréstimos bancários no Brasil atingiu o elevado patamar de 62,87% no ano e o *spread* bancário de 44,02% ao ano, refletindo o custo de captação de recursos de 18,85% ao ano, em média. O Banco Central tem justificado esse elevado nível muito acima de *spreads* mínimos encontrados em outros países, como sendo decorrência das incertezas externas, e da elevação do nível das taxas de juros, de forma mais preventiva como tentativa de conter a alta do dólar e segundo reflexos das incertezas gerais e da inadimplência nas economias dos bancos. Certamente, o excepcional nível de *spread* de 44% se situa em posicionamento muito elevado, quando se verificam percentuais de 3% a 6% ao ano na economia bancária de países em desenvolvimento.

Os *spreads* de risco são percentuais cobrados acima de taxas básicas (sem risco) para empréstimos, conforme o cadastro e os riscos característicos de um cliente ou mutuário. O *spread* de risco é também aplicado para caracterizar a taxa de remuneração das aplicações em títulos. No mercado internacional de títulos emitidos pelos diversos países, a medida do risco do país é determinada pelo *spread* que se verifica entre a taxa de juros que é ganha (com risco) pelos investidores no título e a taxa de juros do T-Bond, do Tesouro dos Estados Unidos, teoricamente o título mais seguro do mundo. Em 2001, o *spread* dos títulos de dívida brasileira estava flutuando na faixa de 11% a 12% ao ano (1.100 a 1.200 pontos básicos), enquanto os da Argentina, na faixa 17% e 18% acima dos T-Bonds, passando a 40% e 50% com a deterioração das condições econômico-sociais em dezembro de 2001. Em setembro de 2002, o risco-Brasil atingia 1.700 a 1.900 pontos. Quanto maior for o risco de um país, maior será a taxa de juros dos títulos de dívida desse país, e, conseqüentemente, maior o *spread* de risco, não se alterando a taxa de juros vigente para os títulos do Tesouro dos Estados Unidos.

TAXA NOMINAL E TAXA EFETIVA NA CAPITALIZAÇÃO EM SUBPERÍODOS

Tema

Em qualquer operação financeira deve ser referida, nominalmente, a taxa de juros que se aplica no cálculo do montante, prestações e saldos devedores em cada época. Essa taxa nominal nem sempre representa a taxa efetiva, aquela que, em realidade, permite a evidência dos verdadeiros custos financeiros da operação. Um dos casos em que se verifica diferença entre a taxa nominal e a taxa efetiva acontece quando os juros acrescidos ao montante já rendido são calculados em subperíodos do ano. Nesse caso a taxa mensal efetiva é dimensionada proporcionalmente, a partir da taxa anual da operação. Se, por definição, a taxa de juros nominal se referir ao período anual, por exemplo de 24% ao ano, mas a capitalização dos juros se fizer mensalmente, sendo a taxa efetiva mensal de capitalização definida por $\frac{24\%}{12}$ = 2% ao mês, a taxa anual efetiva da operação não será a nominal de 24% ao ano, mas, sim, 26,82% ao ano. Em realidade a taxa efetiva de 2% ao mês equivale a 26,82% ao ano no regime de juros compostos.

Comentário

A taxa nominal referida a um período amplo, em geral de 12 meses, é a referência básica da operação. Se a capitalização dos juros se der em ritmo anual, essa taxa nominal se confunde com a taxa efetiva da operação.

Mas, no caso de o período de capitalização dos juros se realizar em um subperíodo do ano, vai acontecer que a taxa efetiva anual vai superar a taxa anual de referência. Sendo **j** a taxa anual nominal, **p** o número de vezes que o subperíodo de capitalização cabe dentro do ano (capitalização mensal: **p** = 12; capitalização trimestral: **p** = 4), o montante final de um capital aplicado (P) tem a fórmula:

$$S = P(i + j/n)^{np}$$

A taxa efetiva é j/n, relativamente ao subperíodo de capitalização.

Quanto maior o número de subperíodos de capitalização dentro do período global, mais elevada será a taxa efetiva de juros da operação, tendendo para o limite correspondente à capitalização instantânea, em que o período da capitalização se tornaria infinitesimal. No Quadro 1.1 seguinte ilustra-se, com um exemplo, os valores das taxas efetivas anuais, referidas à taxa de juros nominal de 24%, segundo diversas hipóteses de períodos de capitalização dentro do ano.

Quadro 1.1

Taxas Efetivas Anuais para a Taxa Nominal de 24% ao Ano

Número de Períodos de Capitalização no Ano	Período de Capitalização	Taxa Efetiva Anual
1	Anual	24%
2	Semestral	25,44%
3	Quadrimestral	25,97%
4	Trimestral	26,25%
6	Semestral	26,53%
12	Mensal	26,82%
α	Instantâneo	27,125%

PARCELAMENTO SEM JUROS OU COM JUROS?

Tema

As lojas de eletrodomésticos costumam parcelar os preços de seus produtos para aumentar o seu volume de vendas. Muito comum é o fracionamento em 3 vezes, 1+2 vezes, mas já se encontram parcelamentos em 10 vezes e até sem juros.

Algumas lojas oferecem um bem por R$ 30 à vista ou em 3 parcelas de R$ 10, a primeira à vista e as duas subseqüentes nos meses seguintes. Se o consumidor desejar pagar à vista solicitando um desconto, a maioria das lojas não fará essa concessão, obrigando o consumidor a pagar em 3 parcelas de R$ 10. Já que o dinheiro tem um certo valor no tempo, pagar em 3 vezes de R$ 10 é mais econômico do que R$ 30 de uma vez só inicialmente.

Efetivamente, a loja que não dá desconto para o preço à vista está embutindo no preço uma certa parcela de juros.

Comentário

Como regra geral, o consumidor deve procurar uma loja que tenha esquema de financiamento explícito, com o preço à vista de referência indicado, assim como o valor do desconto sobre o preço-referência no caso de pagamento à vista. Nessa exposição ele poderá conhecer que taxa de juros efetivamente está pagando. Por menor que seja o desconto para pagamento à vista, de acordo com os prazos do financiamento, podem acontecer cobranças de elevados patamares de taxa de juros. Vale frisar também que os descontos não são oferecidos espontaneamente, sendo resultantes de negociação e barganha. Mas o conhecimento dessa taxa de desconto é essencial para que se explicite a taxa de juros cobrada.

Um exemplo é o de uma venda de uma máquina de lavar Brastemp 223 Inteligent 5 kg, que tem o preço de referência à vista de R$ 949, e pode ser adquirida a crédito por 1 + 4 de R$ 189,80. O preço à vista negociado: R$ 870, com um desconto de 8,3%. Nessas condições, pode-se calcular que a taxa efetiva cobrada é de 4,54% ao mês.

Outro exemplo do mercado, referente à venda de um aparelho de som Philips C870, com preço à vista de referência de R$ 999, a crédito 1+ 9 de R$ 99,90, e preço à vista negociado de R$ 940, com abatimento de 5,9% sobre o preço-referência, o que demonstra ser de 3,21% ao mês a taxa efetiva cobrada.

Tudo se explica por uma questão de equivalência financeira dos fluxos de caixa envolvidos nas operações. No caso da inexistência "aparente" de juros, não tem sentido descontar várias parcelas iguais para encontrar inicialmente a soma das parcelas. Certamente o vendedor está cobrando um juro embutido, mas que não quer explicitar ao mercado o valor.

Conhecendo-se o valor do preço negociado com desconto, então, sim, pode-se calcular a taxa de juros efetiva da operação que fará com que a soma dos valores atualizados das prestações fique equivalente ao preço negociado na transação à vista.

2
CONTABILIDADE E ANÁLISE ECONÔMICO-FINANCEIRA

DEMONSTRATIVOS DE ORIGEM E APLICAÇÃO DE RECURSOS E DO FLUXO DE CAIXA

Tema:

O Demonstrativo de Origem e Aplicação de Recursos (D.O.A.R.), também conhecido como Fluxo de Fundos, expõe as variações ocorridas nos valores das principais contas do Balanço Patrimonial, de modo a realçar as origens dos recursos e as aplicações de recursos que sensibilizam a variação do capital circulante líquido da empresa. É um complemento de informações importantes para a interpretação do desempenho financeiro de uma empresa, focando os movimentos dos fluxos dos recursos autogerados nas operações e externos por um lado, sendo apontados os fluxos dos investimentos como aplicações desses recursos nos ativos permanentes e nos realizáveis de longo prazo. O resultado do confronto entre os fluxos de origem e de aplicação é a variação do capital de giro, que é realçada neste demonstrativo.

Algumas empresas estão preferindo, em lugar da apresentação do D.O.A.R., expor o Demonstrativo Contábil do Fluxo de Caixa, cuja estruturação é feita também através de apresentação de fluxos financeiros divididos em três faixas de composição, convergindo para a variação do Disponível do Balanço Patrimonial, em lugar da variação do Capital Circulante Líquido do D.O.A.R. Trata-se de uma reorganização de fluxos do tradicional D.O.A.R., sendo que as 3 faixas de apresentação desses fluxos são: a dos recursos operacionais, a dos recursos de investimentos e a dos recursos dos financiamentos.

É preferível o uso do D.O.A.R.? Ou é melhor a apresentação do Fluxo de Caixa Contábil? Ou os dois demonstrativos devem ser apresentados simultaneamente?

Comentário:

A tendência geral é escolher o Demonstrativo do Fluxo de Caixa pela maior abertura que fornece para medição de performances das políticas de movimentação de recursos operacionais, ao lado dos fluxos dos investimentos e dos financiamentos.

D.O.A.R.	DEMONSTRATIVO DO FLUXO DE CAIXA
1) Origens dos Recursos a. Autogerados (Lucro Líquido + Depreciação) b. Financiamentos de Longo Prazo c. Aumentos de Capital Social	**1) Fluxo dos Recursos Operacionais** a. Autogeração nas Operações Lucro Líquido mais Depreciação mais Despesas de Amortizações de Diferidos b. (–) Aumento do Ativo Circulante (Sem Disponível) c. (+) Aumento do Passivo Circulante
2) Aplicação dos Recursos a. Aumentos de Permanentes b. Aumentos de Realizáveis de Longo Prazo c. Dividendos	**2) Fluxo dos Investimentos** a. Aquisição de Ativos Permanentes b. Aumento de RLP **3) Fluxo dos Financiamentos** a. Subscrição de Capital b. (–) Dividendo c. Empréstimo de Longo Prazo (Líquido)
3) Variação do CCL (1 – 2)	**4) Variação do Disponível** (1 – 2 + 3)

No Demonstrativo de Fluxo de Caixa há ainda a pormenorização do Fluxo de Recursos Operacionais no sentido de acoplar os recursos autogerados nas operações (lucro líquido mais depreciação) com o aumento do Ativo Circulante (exceto disponível) sendo considerados como aplicação desses recursos e o aumento do Passivo Circulante como fonte de tais recursos. No final, a conta de chegada é a variação do disponível como resultante dos 3 movimentos básicos, dois de captação de recursos, em tese, positivos, e um de aplicação de recursos nos investimentos.

É preciso tomar cuidado para não se confundir o demonstrativo contábil do fluxo do disponível com os tradicionais fluxos de caixa usados, de forma matricial, para controle das operações diárias de uma empresa; nem devem ser associados com as estimativas de fluxos de caixa que se utilizam para cálculo de taxas de retorno de projetos de investimento.

Legalmente pode até se tornar obrigatória a apresentação do Demonstrativo de Fluxo de Caixa em lugar do D.O.A.R. De qualquer forma, para os estudos financeiros, principalmente aqueles que procuram a interpretação dos movimentos do Capital de Giro, o D.O.A.R. terá sempre importância. Contudo, a maior abertura dos grandes fluxos financeiros, no Demonstrativo do Fluxo de Caixa, traz uma força inegável para a qualidade das análises financeiras.

DIFERIMENTO DO EFEITO DA MAXIDESVALORIZAÇÃO PARA MELHORAR OS RESULTADOS DAS EMPRESAS

Tema

Qualquer maxidesvalorização cambial tem efeito significativo no resultado das empresas que possuem financiamentos externos em sua estrutura de recursos registrados nos passíveis exigíveis. Imediatamente à variação da taxa cambial o saldo em moeda local correspondente a esses financiamentos aumenta na mesma proporção da desvalorização do câmbio. Em contrapartida do incremento dos passivos exigíveis, a variação cambial deve ser contabilizada em uma conta de despesa de variação cambial passiva, que será debitada na conta de resultado, diminuindo o lucro apurado. Somente no caso de haver valores no ativo da empresa que sejam indexados ao dólar, como recebíveis em moeda externa, aplicações financeiras no exterior como também receitas de vendas futuras vinculadas à moeda estrangeira, as variações cambiais ativas que ocorrem com receitas da desvalorização poderão eventualmente compensar as variações cambiais passivas (dos financiamentos), diminuindo em parte ou no todo o prejuízo delas decorrente. Como costuma acontecer nessas ocasiões, as autoridades governamentais permitem o lançamento da variação cambial passiva na conta de resultado de forma progressiva, em vários exercícios. Recentemente a CVM (Comissão de Valores Mobiliários) estabeleceu que as empresas afetadas pela maxidesvalorização que superava 40% no mês de outubro de 2001, poderão lançar tal variação cambial em 4 exercícios, diminuindo, assim, o impacto da desvalorização no ano de 2001 e 2002. Para efeito fiscal, não há qualquer impacto, pois o total de reflexo da desvalorização sobre as dívidas em dólar pode ser apropriado no próprio exercício em que ocorre o fato gerador do evento.

Comentário

Diferir ou não diferir a variação cambial? Eis um dilema constante para os empresários. Sabe-se que esse diferimento cambial não provoca efeito fiscal. Entretanto, o descarregamento progressivo da maxidesvalorização reflete-se na obtenção de resultados mais positivos, com os níveis de dividendo sendo também mais elevados. Essa prática não tem o apoio dos auditores que defendem o registro da variação cambial completa, de uma só vez, no exercício em que se verifica o fato gerador, da ocorrência da desvalorização cambial, conforme o princípio básico usado pela contabilidade relativo à competência dos lançamentos das operações contábeis. Com a opção dada pela CVM, quem lançar de uma só vez a variação cambial ocorrida em 2001 terá nesse ano um menor lucro líquido e menor dividendo a pagar. Em relação à alternativa de diferir em 4 exercícios, a opção de fazer de uma só vez o lançamento da maxidesvalorização, a empresa não terá mais que reduzir os futuros resultados, pois o impacto será instantâneo no presente exercício.

  A decisão será de cunho estratégico, no sentido de apresentar aos seus acionistas e ao mercado níveis de lucro menos elevados hoje ou mais elevados futuramente. No que concerne à geração e ao fluxo de caixa o reflexo da variação cambial será único. Os pagamentos das prestações de reembolso dos empréstimos serão incidentes nas datas contratuais aceitadas, independentemente do critério contábil de diferir ou não a despesa de variação cambial passiva nos resultado contábeis.

GASTOS, INVESTIMENTOS, CUSTOS, DESPESAS E DESEMBOLSOS

Tema

Na área dos conceitos econômicos e financeiros tratados pela contabilidade, análise de investimentos e finanças corporativas, uma série de variáveis utilizadas muitas vezes são tratadas de forma não homogênea. A falta de padronização, permitindo a elaboração de vários glossários para referência, tem permitido o uso do conceito de custos e despesas indiscriminadamente. O mesmo acontece com os termos dispêndios, investimentos, gastos e desembolsos.

Comentário

Os conceitos de Gastos ou Dispêndios são praticamente equivalentes. São remunerações correspondentes ao uso de fatores de produção em uma empresa ou negócio. Os Gastos ou Dispêndios devem ser registrados contabilmente na data do seu fato gerador, na ocasião do seu compromissamento, independentemente do seu pagamento. É o princípio contábil da competência, correspondência com o fato gerador do evento e não com o pagamento ou recebimento dos valores. Desembolso ou Desencaixe é o ato do pagamento do gasto ou dispêndio na data acertada para tal evento. Pode ocorrer na data do fato gerador ou em ocasião futura, a curto ou longo prazo.

Quando se está implantando um projeto de expansão ou uma empresa, os gastos ou dispêndios incidentes na fase pré-operacional (antes do início do funcionamento dos ativos) devem ser caracterizados como *Investimentos* (imobilizados ou de capital de giro). A partir do início das operações, os gastos se caracterizam como Custos ou Despesas ocorrentes sistematicamente. Os Custos se referem a fatores de produção que se incorporam aos produtos fabricados, como salários dos operários fabris, matérias-primas, energia consumida na fábrica, etc. Nas atividades comerciais o Custo se refere ao Gasto com a mercadoria a ser revendida. As *Despesas* se caracterizam por serem remunerações aos fatores de produção incidentes fora da área fabril na indústria; no comércio Despesas são todos os itens de Gastos, exceto o Custo da Mercadoria Vendida. As Despesas envolvem, portanto, itens administrativos, comerciais, financeiros, jurídicos, pesquisa e desenvolvimento, etc. Alguns custos e despesas apropriadas não são desembolsados como a depreciação e a amortização de despesas diferidas, essas últimas classificadas no ativo permanente diferido. Essas despesas diferidas são, em geral, gastos de investimentos (da fase pré-operacional) referentes a projetos, pesquisas, juros pré-operacionais e outros incidentes antes da empresa ou projeto entrar em funcionamento e que contabilmente não podem ser imobilizadas.

Adicionalmente, vale lembrar que na Contabilidade Pública caracterizam-se como despesas de capital os gastos de investimento da contabilidade geral das empresas, enquanto que despesas correntes encerram os custos e despesas operacionais das empresas industriais e comerciais. É interessante registrar também que na contabilidade de cooperativas receitas são denominadas de ingressos e custos e despesas são classificados como dispêndios.

LUCRO OU GERAÇÃO DE CAIXA

Tema

Tradicionalmente o objetivo de se alcançar um resultado positivo nas operações de uma empresa é o fator propulsor do desenvolvimento nas economias de mercado. Esse resultado é atingido quando deduzidos das receitas obtidas os custos, as despesas e os impostos incidentes sobre vendas e sobre resultados. Permanece um saldo caracterizado como lucro líquido referente ao período em que é apurado. O lucro líquido deve ser básico para o cálculo do dividendo dos acionistas e ser compatível com o esforço do investimento aplicado no negócio (rentabilidade adequada).

Além da observação e do controle do lucro líquido, as áreas econômico-financeiras das empresas estão evoluindo modernamente para acentuar e enfatizar a geração de caixa, referente ao período em que apura o lucro líquido, como variável relevante demonstrativa das performances econômico-financeiras, especialmente aquelas que procuram explicitar a criação de valor decorrente das atividades da empresa. Qual a variável mais importante: lucro ou geração de caixa? Qual delas pode ser minimizada em termos de atenção dos analistas e investidores? As duas variáveis devem ser tratadas com igual ênfase, por serem complementares? Em geral surgem tais indagações por parte dos interessados na gestão financeira das empresas.

Comentário

O lucro líquido do exercício, apurado contabilmente nos Demonstrativos de Resultados do Exercício, é definido e aplicado segundo termos legais (Lei nº 6.404/76) para finalidades societárias e referência básica nos cálculos do imposto de renda. O lucro líquido é referencial de medição de performance econômica da empresa, consolidando resultados operacionais incluindo os financeiros, originários de aplicações financeiras e despesas financeiras relativas a empréstimos e financiamentos, além dos resultados não-operacionais ocorridos. O lucro líquido é fonte básica dos dividendos, remunerações a serem distribuídas aos acionistas em contraposição aos recursos que devem ser retidos para serem destinados aos reinvestimentos necessários à expansão dos negócios. Os empreendimentos públicos ou sociais devem apresentar resultados para serem canalizados integralmente a reinvestimentos que promovam crescimento sustentado de suas atividades.

Adicionalmente, os conceitos e as aplicações de geração de caixa vêm se tornando cada vez mais difundidos por autores e analistas interessados em medir de forma mais ampla os recursos que internamente são gerados nas próprias atividades das empresas. Nos Demonstrativos de Origem e Aplicação de Recursos e Demonstrativo Contábil do Fluxo de Caixa são obtidos os valores da geração de caixa do exercício e como ela se insere na estrutura de financiamentos dos investimentos realizados. A atenção especial que está sendo conferida à geração de caixa tem como motivo a utilização dessa variável na medição da criação de valor oriundo das atividades do negócio. O Valor Econômico de um empreendimento é associado ao Valor Atual descontado do fluxo de caixa projetado segundo as expectativas de evolução das atividades do negócio.

Vários são os conceitos que se associam à Geração de Caixa, começando pela Geração de Caixa Básica, soma do lucro líquido com os custos e despesas de depreciação e amortização de ativos diferidos (além de outras despesas imputadas e que tenham sido provisionadas para pagamentos futuros a longo prazo). Cada vez mais é aplicada a Geração de Caixa Retida, soma do lucro retido com a depreciação e amortização de diferidos. Geração de Caixa Ampla ou LADJIR ou EBITDA (*Earnings Before Interests, Taxes and Depreciation and Amortization*), resultante das Receitas Líquidas menos Custos sem Depreciação e menos as Despesas sem Depreciação, Amortização de Diferidos e sem Despesas Financeiras, passa a ser muito observada e utilizada. Também é objetivo das finanças corporativas modernas a medição e o monitoramento da Geração de Caixa Livre, resultado da Geração de Caixa Retido subtraído das parcelas de Amortização de Empréstimos e Financiamentos e dos valores já compromissados de aplicação de recursos próprios internos da empresa definidos para novos projetos aprovados, inclusive de reposições de ativos imobilizados. Para o manejo da gestão econômico-financeira pode-se observar que a geração de caixa, em seus diversos níveis de definição e aplicação, tem maior amplitude e importância do que o simples lucro líquido. Nos recentes desajustes e arbitrariedades que vieram a público, referentes a definições de lucros em balanços de grandes empresas norte-americanas, observa-se mais uma oportunidade em que o uso de uma variável como geração de caixa, mais estável e menos propensa a manipulações ou flexibilizações mesmo que legais, dos lucros, cada vez mais se tornam confiáveis e úteis por parte dos analistas de mercado e das empresas as gerações de caixa, em nível de EBITDA, *Cash-Flow* Básico ou *Cash-Flow* Livre.

ANÁLISE HORIZONTAL OU VERTICAL PARA MEDIR PERFORMANCES DE EMPRESAS

Tema

As análises de séries temporais de dados relacionados aos balanços patrimoniais, demonstrativos de resultados do exercício e outras demonstrações financeiras constituem bases de avaliações de performances econômico-financeiras de empresas. Índices, taxas, relações, percentuais são definidos a partir dos dados extraídos desses demonstrativos para medição dos eventos e fenômenos ocorridos, permitindo a caracterização e a interpretação dos desempenhos atingidos. Nesse contexto, a maioria dos livros sobre a matéria, bem como grande parte dos analistas financeiros de mercado, consideram prioritárias as análises de evolução horizontal e vertical dos itens econômico-financeiros relevantes para o exame de interesse do analista. As análises evolutivas temporais ou horizontais relativas a determinadas variáveis (receitas, ativos totais, patrimônio líquido, etc.) derivam da transformação dos valores absolutos dessas variáveis, anotadas para a série de períodos escolhidos, em números índices com base 100 referida, em geral, ao período inicial da série. A análise estrutural ou vertical procura observar, na série de períodos focalizados, as percentagens de participação de várias parcelas componentes de um todo, na soma dessas variáveis. O que se discute é se as análises horizontais e verticais se caracterizam como obrigatórias, por complementaridade, ou podem ser consideradas alternativas.

Comentário

A maioria, para não dizer a unanimidade dos analistas, utiliza invariavelmente a análise de evolução horizontal em seus trabalhos de avaliação de performances econômico-financeiras. A formatação dos índices para esta análise é tarefa simples e o potencial de informações obtidas dessa análise é bastante amplo. Pela análise horizontal pode-se verificar o posicionamento de cada variável em cada período em relação ao seu valor ocorrido no período inicial escolhido para referência 100. Imediatamente também podem ser conhecidas as taxas de crescimento da variável de cada período, relativamente ao período básico. Conseqüentemente, podem ser explicitamente comparados os ritmos de crescimento de cada variável selecionada, durante o período escolhido para análise, identificando-se de imediato a variável que cresceu (ou decresceu) mais rápido ou a que ficou estagnada. As oscilações ocorrentes nos seus valores também ficam imediatamente nítidas juntamente com as flutuações ocorrentes nos índices. A análise horizontal apresenta, portanto, as pistas básicas para que sejam aprofundados outros aspectos em busca das interpretações mais pormenorizadas das performances. No exemplo cujos dados básicos se encontram no Quadro 2.1 seguinte, observa-se que a receita do produto B, apesar de ter crescido no período de 1 a 3, teve performance muito inferior à do produto A, que evoluiu 50% no período. A receita de B somente cresceu 8% no período. Todos esses comentários são apoiados nos números índices preparados para a Análise Horizontal no Quadro 2.2.

Quadro 2.1
Evolução das Receitas – R$

Itens	Anos		
	1	2	3
Receita de A	15.500	18.290	23.250
Receita de B	17.200	18.232	18.576
Receita Total	32.700	36.522	41.826

Quadro 2.2
Análise Horizontal – Índices de Evolução das Receitas

Itens	Anos		
	1 (*)	2	3
Receita de A	100	118	150
Receita de B	100	106	108
Receita Total	100	117	128

(*) ano-base.

Realizando-se a Análise Vertical conforme apresentada no Quadro 2.3, as percentagens de participação das receitas dos produtos A e B nas receitas totais indicam que a receita de A teve seu percentual de participação na Receita Total crescendo de 47,4% no ano 1 para 55,6% no ano 3. O inverso aconteceu com a receita do produto B, que teve sua participação declinante de 52,6% no ano 1 para 44,4% no ano 3.

Quadro 2.3
Análise Vertical

Itens	Anos		
	1	2	3
Receita de A	47,4%	50,1%	55,6%
Receita de B	52,6%	49,9%	44,4%
Receita Total	100%	100%	100%

Fica, então, a pergunta: É necessária a realização da Análise Vertical, já tendo sido feita a Análise Horizontal? As conclusões não serão idênticas ao fim das duas análises?

É claro que na Análise Vertical o item que tiver apresentado na Análise Horizontal evolução superior à evolução da média ou do total (Receita de A) vai ganhar participação percentual relativamente ao total; a variável (Receita de B) que evoluir menos do que o ritmo da variável total vai decrescer na participação.

Se o objetivo do analista é também saber as evoluções dos percentuais de participação, ele deve complementar a Análise Horizontal com a Análise Vertical. Caso o foco da análise seja esses percentuais, como nas análises de *market share* nas áreas de venda e marketing de uma empresa, é imprescindível a Análise Vertical. Contudo, deve-se lembrar que essa última análise não dá idéia exata da evolução absoluta e seus índices de evolução correspondentes, como demonstra a Análise Horizontal.

DEMONSTRATIVO DE LUCROS ACUMULADOS OU DE MUTAÇÕES DO PATRIMÔNIO LÍQUIDO?

Tema

A Lei das S.A. obriga as corporações a apresentarem no seu conjunto dos demonstrativos financeiros anuais, para compor o Relatório da Administração a ser apresentado à Assembléia Geral, o Demonstrativo de Lucros ou Prejuízos Acumulados. Esse demonstrativo complementa o Balanço Patrimonial e o Demonstrativo de Resultado do Exercício e expõe o fluxo de variações ocorridas no exercício, na Conta de Lucros (Prejuízos) Acumulados do Patrimônio Líquido da empresa.

Ocorre que grande parte das sociedades anônimas, especialmente as companhias abertas, prefere expor o Demonstrativo de Mutações do Patrimônio Líquido, mais amplo, envolvendo as principais contas componentes do capital próprio da empresa. Apesar de ser um assunto pacífico pode ficar a dúvida sobre o nível de adequação e utilidade de uma ou da outra forma de apresentação desses demonstrativos que procuram situar movimentos e variações ligados ao *equity* dos negócios (Patrimônio Líquido).

Comentário

O Patrimônio Líquido do Balanço Patrimonial de uma empresa encerra o conjunto de contas componentes dos recursos próprios investidos na empresa. Consta de três grupos básicos de conta: o Capital Social, as Reservas e os Lucros Acumulados. Esta última conta serve para registrar os Lucros Líquidos (ou Prejuízos) apurados em cada exercício e a redistribuição legal ou estatutária das parcelas do Lucro Líquido que deverão ser destinadas a pagamento de dividendos aos acionistas, distribuições extras de resultado para administradores e funcionários a partir de decisões da Assembléia Geral, e destinações do Lucro Líquido para formação de reservas legais ou estatutárias, representando formalizações das retenções de lucro, além de contabilizar as reversões eventuais de parte dessas reservas. A conta de Lucros Acumulados é, portanto, destinada a registrar fluxos transitórios de movimentos de recursos, tendo no final saldos de pequena expressão. Recursos da Conta de Lucros Acumulados podem se destinar também a aumentos do Capital Social. Pela Lei das S.A., o obrigatório Demonstrativo dos Lucros Acumulados procura mostrar esses valores de variações positivas e negativas, além dos saldos inicial e final da Conta de Lucros (ou Prejuízos) Acumulados. Em geral, as pequenas e médias sociedades anônimas não abertas costumam apresentar esse Demonstrativo.

As sociedades anônimas abertas, ao contrário, em lugar do Demonstrativo de Lucros Acumulados apresentam o Demonstrativo de Mutações do Patrimônio Líquido, mais amplo e completo, pois expõe não só as variações da Conta de Lucros Acumulados mas também as variações que ocorrem no exercício com o Capital Social e as Reservas. Além de explicitar todas aquelas variações citadas na Conta dos Lucros Acumulados, o Demonstrativo de Mutações do Patrimônio Líquido apura os aumentos (ou reduções) do Capital Social, por dinheiro novo, por incorporação de bens, por incorporação de débitos, por incorporação de reservas e de lucros acumulados. Os movimentos verificados nas Reservas são também consignados: formação das reservas com lucro acumulado, incorporação das reservas ao Capital Social, registro de reserva de reavaliação de ativos, reversão de reserva não utilizada (por exemplo, da reserva de contingência) para os lucros acumulados, eventual destinação de parte de reserva para pagamento de dividendo (caso não haja lucro acumulado suficiente). Todas essas movimentações de registros contábeis são acompanhadas, com a demonstração das variações positivas, negativas ou nulas do Patrimônio Líquido.

As variações nulas se referem a operações internas do Patrimônio Líquido que não sensibilizam o total do *equity*. São exemplos: o aumento do Capital Social por incorporação de reservas e lucros acumulados, a formação de reservas com lucros acumulados, a reversão de reservas para os lucros acumulados. São redutoras do Patrimônio Líquido: a diminuição de Capital Social, a destinação do lucro acumulado e de reservas (eventualmente) para pagamento de dividendo aos acionistas (registro no Passivo Circulante) e o saldo de Recompra das próprias ações da empresa.

LIQUIDEZ E SOLVÊNCIA

Tema

Os termos liquidez e solvência são muito usados na área financeira das empresas, nas análises de desempenho e na gestão das finanças corporativas. De modo geral, os dois conceitos são tratados de forma equivalente. A idéia central correlacionada a ambas é a condição de a empresa honrar seus compromissos correntes. Na prática, essa capacidade se explicita, diuturnamente, com a evidência de saldos de caixa diários positivos.

Comentário

Tecnicamente falando, dentro da área das análises financeiras de desempenho empresarial há, contudo, diferenças nas definições dos conceitos.

O termo liquidez e seus quocientes respectivos são aplicados para situações com horizonte de curto prazo. A famosa razão (ou quociente) de liquidez corrente é definida pela divisão do valor do Ativo Circulante. Traduz a condição de os valores em giro a curto prazo no ativo da empresa cobrirem os valores dos compromissos a curto prazo. É, em geral, considerado desejável que esse quociente seja superior a 1 (unidade). Quando ele se apresenta inferior a 1 é sinal de que, para a empresa honrar a curto prazo os compromissos já registrados, necessita de entrada de novos recursos no giro da empresa. Outro quociente também utilizado nas análises é o da liquidez seca, em que o Ativo Circulante sem os Estoques é dividido pelo Passivo Circulante, medindo a capacidade da empresa honrar os compromissos de curto prazo sem contar com recursos que serão gerados pelas vendas dos Estoques.

Na questão referente à solvência, alguns autores definem o quociente de solvência geral como sendo a relação entre o Ativo Total e o Passivo Exigível Total, expondo o conjunto de bens e direitos registrados na empresa e que dão cobertura ao total de capitais de terceiros comprometidos (exigibilidades de curto e de longo prazos). De modo geral, pode-se afirmar que tais relações de solvência têm caráter apenas ilustrativo. Primeiramente porque se referem a longo prazo. Para uma avaliação de longo prazo, é preciso o conhecimento de outras informações, do estado de evolução dos projetos em execução, ensejando projeções financeiras de fluxos de caixa e fluxos de fundo que permitam estimar a real capacidade futura de a empresa honrar seus compromissos tomados a longo prazo.

ALTA OU BAIXA LIQUIDEZ

Tema

Um dilema que pode preocupar a gerência financeira e os analistas de capital de giro das empresas é a colocação em altos ou baixos patamares do quociente de liquidez corrente da empresa. Fala-se de um lado que tal quociente atingindo a marca 3,0 ou 4,0, trata-se de um absurdo, uma distorção, defendida apenas por gestões financeiras ultraconservadoras, que não desejam correr nenhum risco adicional além daqueles do seu tradicional negócio. Por outro lado, aqueles que observam a liquidez corrente atingir pisos inferiores a 1,0 (unidade) apontam logo para a insolvência ou falência próxima dessa empresa. O que pode ser dito a respeito, sem considerar os detalhes das condições específicas de cada tipo de negócio? Vale a pena o conforto financeiro trazido por elevados quocientes ou é melhor trabalhar com maior risco no curto prazo, com baixos quocientes de liquidez?

Comentário

É evidente que um alto quociente de liquidez corrente representa um posicionamento conservador da gestão das finanças de curto prazo. Pode ser atingido através de um baixo valor do Passivo Circulante aliado a um alto nível de Ativo Circulante. Essa empresa "segura" não necessitará de créditos dos fornecedores em razão dos descontos que recebe por pagar à vista suas compras. Ela, trabalhando com recursos líquidos, em grande volume, também não necessita de empréstimos bancários para financiar seu giro. No âmbito de seus Ativos Circulantes, o alto nível de recursos financeiros em disponibilidade e nas aplicações de curto prazo podem traduzir então aquele elevado quociente de liquidez corrente. Também um caso específico de alto valor que se pode encontrar no Ativo Circulante pode ser motivado por altos níveis de Estoque e de Títulos a Receber em carteira, o que significa valores de recursos próprios aplicados (ou até de recursos de endividamento de longo prazo, se for o caso) em escala significativa. O que se comenta e discute é o fato de ser ou não necessário esse alto nível de liquidez. Por um lado essa situação se associa a uma tranqüilidade financeira importante para a gestão de curto prazo, manobrada pelo fluxo de caixa da empresa. Essa situação é muito mais desejável do que uma outra na qual o quociente de liquidez fica decrescente, tendendo a valores inferiores a 1 (unidade) juntamente com a deterioração das condições econômicas de receitas descendentes e resultados progressivamente negativos.

Por outro lado, alto nível de recursos aplicados no reforço da liquidez da empresa pode representar um quadro de falta de visão estratégica da empresa, timidez no espírito empreendedor que deveria objetivar descobrir novos produtos, realizar novos investimentos, obter novos consumidores, ampliando as receitas, lucros e a geração de caixa. Recursos eventualmente ociosos no Ativo Circulante, dando aquela super-segurança na gestão da empresa, poderiam estar sendo ampliados, juntamente com novos recursos de endividamento de longo prazo e de aumento do Capital Social, para realização de novos investimentos no Ativo Permanente, novos ativos fixos, novas compras de outras empresas e outros projetos de expansão. Efetivamente são os investimentos de infra-estrutura empresarial no Ativo Permanente que fazem a geração de novos fluxos de caixa, que, por sua vez, justificam a criação de valores adicionais para a empresa. O congelamento puro e simples de recursos no giro da empresa não cria mais valor para o negócio. Dentro desse contexto é que a gestão financeira de curto prazo, atenta permanentemente nas questões de liquidez, deve se entender com a gestão financeira estratégica para a determinação da melhor dosagem dos componentes do quociente de liquidez juntamente com o planejamento estratégico dos investimentos que aumentarão o valor da empresa, cumprindo o objetivo básico dos seus acionistas a curto e longo prazos.

LUCRO OU VALOR ECONÔMICO AGREGADO?

Tema

Tradicionalmente o Lucro Operacional ou o Lucro Líquido do Exercício se constituem nos principais medidores de performance econômica das empresas. Modernamente, a Geração de Caixa, ampla ou restrita, passou a figurar entre os principais mensuradores contábeis desta avaliação, complementando e muitas vezes superando o emprego dos lucros naquela função. Evoluindo mais profundamente, as análises de performance têm dado maior ênfase à questão de geração de valor pelas atividades de uma empresa. Para esse ângulo de apreciação, novos indicadores têm sido definidos, sendo os mais conhecidos o Valor Econômico Agregado (EVA) e o Valor de Mercado Agregado (MVA). O que se pergunta, normalmente, é se essas novas variáveis acrescentam valor às análises de desempenho empresarial, em que sentido e quais as utilidades que agregam em relação ao tradicional uso do lucros na aferição de performances econômicas.

Comentário

Os defensores da idéia da mensuração de valores econômicos agregados nas medidas de performances argumentam que os simples valores contábeis dos lucros, apesar de importantes, não "dizem" tudo a respeito de sua adequação à medição de performance econômica. O lucro pode até estar crescendo, mas não necessariamente traduz a remuneração adequada aos esforços de investimentos que estão sendo realizados. O Valor Econômico Agregado é medida que procura responder a essa preocupação de mensurar a parcela do lucro operacional (antes dos juros e do imposto) que efetivamente representa um ganho, descontado o valor do custo de capital imputável representativo da remuneração que está sendo atribuída aos recursos financiadores dos investimentos aplicados na empresa. Os endividamentos e o capital próprio suprem recursos para os investimentos e apresentam custos explícitos (juros do endividamento) e implícitos (remuneração desejada pelo capital aplicado pelos acionistas). O custo de capital é o *mix* ponderado desses dois custos, representando a remuneração média dos recursos captados para os investimentos. O lucro operacional é resultante das atividades possibilitadas pelos investimentos realizados.

Exemplificando: se uma empresa que apresenta um lucro operacional de 100.000 u.m. tem um capital investido de 1.200.000 u.m. (exigibilidades e patrimônio líquido) com um custo de capital de 15% a.a. não estaria gerando um resultado EVA positivo. Efetivamente essa empresa estaria destruindo riqueza.

EVA = 100.000 u.m. − 15% x 1.200.000 u.m.

EVA = 100.000 u.m. − 180.000 u.m.

EVA = − 80.000 u.m.

O lucro operacional dessa empresa, para ter um resultado que interessa efetivamente, que é um EVA positivo, teria de ser de pelo menos 180.000 u.m. No caso deste lucro operacional atingir 240.000 u.m., o EVA alcançaria: 240.000 u.m. − 180.000 u.m. = 60.000 u.m., ou seja, 25% do lucro operacional contábil registrado.

Em geral, no cálculo do EVA faz-se o ajuste do imposto de renda, para considerá-lo sob forma de valor líquido. Também vale a consideração de que a dificuldade prática de implementar o EVA como indicador corrente da empresa reside no conhecimento ou na determinação do custo do capital próprio correspondente ao risco que os acionistas desejam correr.

RELATÓRIO FINANCEIRO – COMPACTO OU DETALHADO

Tema

As empresas precisam apresentar anualmente para seus acionistas e para a sociedade em que se inserem os relatórios anuais de prestação de suas contas. A Lei das Sociedades Anônimas explicita os dispositivos que tratam dessa abertura de dados e informações das performances obtidas. A legislação estabelece os níveis mínimos para esse processo de *disclosure*. Fica a cargo da estratégia de cada comunicação social empresarial desenvolver níveis mais ou menos pormenorizados para apresentação das performances financeiras da empresa. A cultura da pouca visibilidade ainda é encontrada em grande escala, sob a alegação de que "informação é a alma do negócio e por isso deve ser preservada". É um traço do estágio de menor desenvolvimento econômico-social do país em comparação com as nações mais desenvolvidas. Por esse motivo ainda é baixo o nível de visibilidade encontrado nos Relatórios Anuais da Administração das empresas brasileiras.

Comentário

Em um mundo cada vez mais aberto é fundamental que as empresas elevem o grau de *disclosure* de suas informações para o público em geral. Confidencialidade ou privacidade de informações de negócios estão perdendo espaço no novo ambiente. A explicitação espontânea de informações empresariais, obrigatórias ou não, gera uma impressão positiva no mercado. A transparência faz a diferença, servindo para promoção verdadeira da empresa junto à sociedade em geral e, em particular, aos investidores, fornecedores, banqueiros, fundos de pensão, clientes, sindicatos, associações de classe, mídia e outros mais. Os demonstrativos financeiros das empresas, especialmente aqueles auditados, constituem valiosa ferramenta de apresentação e promoção das atividades e das performances empresariais. Eles devem expor, além dos dados contábeis propriamente ditos, descrições sobre as condições operacionais da empresa, sua estratégia, sua organização. Devem expor também as mudanças em curso, os programas e os projetos em estudo e em implantação. É desejável que contenham análises objetivas do desempenho atingido e suas causas, além da indicação dos cenários e das expectativas para o desenvolvimento do negócio.

Pode ser sugerida uma estrutura para o relatório financeiro da administração da empresa contendo:

1) descrição da empresa – contendo informações básicas sobre acionistas, administração, estratégia definida e produtos e mercados trabalhados;

2) demonstrativos contábeis de pelo menos dois exercícios, com análise compacta de desempenho;

3) parecer dos auditores e conselho fiscal (se existente);

4) projeções – indicação das expectativas de cenários, com planos de ampliação para atingir os objetivos de crescimento;

5) informações adicionais – a respeito de estudos e pesquisas em desenvolvimento, problemas pendentes e fatos relevantes a destacar.

GERAÇÃO DE CAIXA AMPLA (EBITDA) E "*CASH-FLOW* BÁSICO"

Tema

Um dos indicadores que vêm sendo cada vez mais utilizados nas análises econômico-financeiras para medir os desempenhos das empresas é a geração de caixa. Esta figura vem complementando as análises tradicionais de rentabilidade apoiadas simplesmente nos lucros líquidos apurados. Em termos absolutos, a definição de geração de caixa anual, ou *Cash-Flow* anual, possui diversos níveis de composição. Em concepção mais ampla a geração de caixa ampliada é o resultado da subtração das receitas líquidas dos custos e despesas sem contar depreciação e juros de financiamentos. Em conceituação básica, o *Cash-Flow* simples é a soma do lucro líquido apurado no período com os custos e despesas de depreciação que foram incidentes, antes da apuração do resultado. Em alguns casos, quando pertinente, adicionam-se ainda as despesas com amortizações de diferidos e outras imputadas, representando diminuições de resultado por provisionamento que não representam saídas de caixa, apenas custos ou despesas contábeis. Identificados os valores absolutos dos tipos de geração de caixa, costuma-se definir relações entre os mesmos e a receita operacional líquida ou o ativo total da empresa, como medidores de performances alcançadas pelo negócio. Para que servem efetivamente esses indicadores? O uso do *Cash-Flow* básico é suficiente ou deve-se utilizar o *Cash-Flow* amplo (EBITDA ou LADJIR) para melhor avaliar um desempenho empresarial?

Comentário

A utilização de um *Cash-Flow* ou de outro depende da intenção da análise. No caso de se objetivar avaliar performance estritamente do ângulo operacional intrínseco ao negócio, deve-se lançar mão do *Cash-Flow* Amplo, que no exemplo seguinte atinge R$ 200 no período.

	R$
Receita Operacional Líquida	800
(-) Custos sem Depreciação	350
(-) Despesas sem Depreciação e sem Juros	250
Cash-Flow Amplo (LADJIR)	200

O *Cash-Flow* Amplo também é denominado LADJIR (Lucro Antes da Depreciação, dos Juros e do Imposto de Renda), ou EBITDA, em inglês *Earnings Before Taxes, Depreciation and Amortization*.

A utilidade desse *Cash-Flow* Amplo é indicar o quanto a empresa gera recursos, em termos operacionais, após cobrir os custos e despesas operacionais, sem depreciação e juros, para cobrir um conjunto de 5 destinações relevantes: os custos e as despesas de depreciação (quinhão de reposição dos investimentos fixos), as despesas financeiras (de remuneração dos empréstimos e financiamentos), o imposto de renda e contribuições sobre o lucro (parte do governo), os dividendos que remuneram os acionistas e finalmente os recursos de lucro retido para várias finalidades: amortizar financiamentos, investir em novos projetos, distribuir fatias adicionais do resultado para empregados, administradores e acionistas.

Prosseguindo no exemplo referido, tem-se a distribuição do *Cash-Flow* Amplo gerado, que representou 25% da Receita Líquida de R$ 800:

	R$
1 - *Cash-Flow* Amplo (1 + 2 + 3 + 4 + 5 + 6)	200
2 - Custos e Despesas de Depreciação	30
3 - Despesas Financeiras	50
4 - Imposto de Renda	36
5 - Dividendo	24
6 - Lucro Retido	60

Obs.: Dividendo (5) + Lucro Retidos (6) = Lucro Líquido do Exercício = R$ 84

Uma aproximação mais restrita ao problema define o *Cash-Flow* Básico ou Restrito como sendo a soma do Lucro Líquido Apurado com os Custos e Despesas de Depreciação. No exemplo, R$ 114, assim formado:

	R$
1 - Lucro Líquido do Exercício	84
2 - Custos e Despesas de Depreciação	30
3 - *Cash-Flow* Restrito (1+2)	114

O *Cash-Flow* Básico de R$ 114 representou 14,3% da Receita Líquida (R$ 800). É interessante notar que este conceito se relaciona com o EBITDA, por ser uma parcela contida, juntamente com o Imposto de Renda e a Despesa Financeira:

Cash-Flow Básico (R$ 114) + Imposto de Renda (R$ 36) + Despesas Financeiras (R$ 50) = *Cash-Flow* Amplo (R$ 200)

O *Cash-Flow* Retido é também um conceito novo importante, derivado do *Cash-Flow* Básico, diminuído do Dividendo dos acionistas. É essencialmente o *Cash-Flow* Retido que fornece recursos para cobertura das parcelas de amortizações de financiamentos, dos compromissos assumidos com recursos próprios internos em projetos em curso, dentro ou fora da empresa, e, sobrando saldo (*Cash-Flow* Livre), pode-se definir os recursos para novos projetos de investimentos a serem estabelecidos.

IMOBILIZAÇÃO OU INVESTIMENTO

Tema

As empresas necessitam crescer para acompanhar a intensa concorrência estabelecida em um mundo globalizado com os níveis competitivos cada vez mais elevados. Para isso, precisam investir em equipamentos e sistemas modernos e mais eficientes, de forma a produzir bens e serviços mais baratos, com qualidade, que atendam às exigências dos consumidores.

Duas situações aparecem à frente dos estrategistas empresariais para resolver essa questão: o crescimento deve ser originado pela via interna, com aumento de seus ativos imobilizados ou deve recorrer à via externa, mediante aquisição de outras empresas ou incorporações de outros ativos de empresas postas à venda?

É claro que a resposta depende de cada caso, após o estudo de viabilidade competente que aponte as condições de exeqüibilidade em cada situação particular.

Comentário

A solução pela imobilização de novos ativos traduz o projeto de expansão endógeno em que uma nova fábrica é implantada no corpo da empresa ou é expandida uma unidade produtiva existente. Acontece em geral quando a empresa deseja ter acrescida nova capacidade produtiva sem ter de lançar mão de unidades externas situadas em organizações existentes, cuja operação e gerenciamento teriam que ser alteradas pela mudança de controle da empresa a ser comprada. A imobilização é feita sempre quando há prazos convenientes para a implantação da nova atividade produtiva, pois a criação de uma nova fábrica ou a expansão de uma unidade dura períodos longos. A preferência pela solução de imobilização ocorre sempre que a inversão se implanta em prazos curtos.

Contábil e fiscalmente, a imobilização de novos ativos dá direito ao cálculo de depreciação anual, segundo as alíquotas fiscais, resultando em custos e despesas de depreciação que são lançados aos resultados. Os recursos dessa depreciação anual, contabilizados como provisão para depreciação, ajustam também o valor do ativo imobilizado para seu nível líquido (depreciado). Como a depreciação é um custo (ou despesa) não desem-bolsado(a), a geração de caixa não é afetada pelo seu cálculo. Deve ser mencionado ainda o caso de uma incorporação de empresa em que a empresa compradora ou incorporadora paga em dinheiro ou com ações próprias, de uma nova emissão de capital, os ativos líquidos de débitos da empresa incorporada. Dessa forma aumenta o imobilizado da incorporadora, sendo as contrapartidas contábeis os recursos pagos pela compra de uma expansão por via externa. Contabilmente, a adição do imobilizado comprado de outra empresa só poderá ser depreciada fiscalmente pelo prazo residual que ainda tenha sobrado para depreciação na contabilidade da empresa incorporada, a qual se extingue na operação de incorporação.

No caso de uma expansão exógena, com a compra de ações de outra companhia, a estratégia de crescimento da empresa é baseada na alta velocidade de identificação e de formação de um grupo empresarial, tendo havido interesse em manter o nome ou a marca da organização adquirida. O valor da compra negociado é registrado no Ativo Permanente de Investimento da compradora, que passa a ser coligada ou controladora da sociedade investida. A investidora e a investida serão coligadas, não havendo controle, se a primeira participar com 10% ou mais do capital social da investida. O investimento na aquisição de ações será considerado relevante se atingir a mais de 10% do Patrimônio Líquido da investidora, isoladamente; ou em coligadas e controladas com montante superior a 15% do Patrimônio Líquido da investidora.

O investimento relevante influencia o resultado da empresa investidora através do mecanismo da Equivalência Patrimonial dos investimentos relevantes, que deverão ser registrados no ativo de Investimento pelo Valor do Patrimônio Líquido dos balanços das empresas controladas e coligadas, sendo sua contrapartida contábil resultado positivo ou negativo na conta de resultado da empresa investidora, já tendo sido feito neste cálculo o ajuste decorrente dos dividendos recebidos das coligadas ou controladas.

No mundo moderno globalizado, têm sido mais numerosos os casos de aquisições, incorporações e fusões empresariais pela preexistência dos ativos que serão consolidados e reestruturados para agregação de sinergias.

A maior velocidade desses processos em relação aos "demorados" projetos de expansão de ativos imobilizados é um dos maiores atrativos de tais empreendimentos, além dos eventuais casos de preços com que muitas empresas se oferecem para serem absorvidas.

RESULTADOS OPERACIONAIS E NÃO-OPERACIONAIS

Tema

Os demonstrativos de resultado das empresas são elaborados de acordo com padrões estabelecidos por lei, dentro de modelos tradicionais seguidos internacionalmente. Apesar de claros, suas estruturas deixam algumas opções para definições diferenciadas do que representa resultado não-operacional, diferenciadamente do que realmente se considere resultado operacional. É pacífico que as atividades operacionais da empresa, definidas no objeto social da empresa em seu Estatuto Social aprovado em Assembléia dos acionistas ou cotistas, devem orientar a classificação básica do que se constitui a receita. Fora do escopo fixado no Estatuto a atividade desenvolvida deve ser considerada não-operacional. Nessa concepção, como tratar as receitas e despesas financeiras e os resultados da Equivalência Patrimonial quando a empresa tem investimentos relevantes em outras companhias, em valor superior ao limite de 15% de seu patrimônio líquido, obrigando-se a realizar a avaliação dos investimentos pela equivalência patrimonial?

Comentário

Em realidade, uma empresa deveria apresentar quatro grupos de resultados, de forma explícita:

1º) resultado operacional puro, oriundo de suas operações fixadas no contexto de seu objetivo social, exclusivamente na sua pessoa jurídica própria, sem inclusão do aspecto financeiro e do resultado de equivalência patrimonial de subsidiárias ou coligadas relevantes;

2º) resultado financeiro, derivado das receitas de aplicações financeiras de sobras de recursos existentes no capital de giro de tesouraria da empresa, descontadas ou não das despesas financeiras incidentes por força dos endividamentos gravosos contratados nas instituições financeiras e os correspondentes às emissões de títulos, bônus, debêntures pela empresa e lançados no mercado financeiro e de capitais. A legislação atual considera o resultado financeiro as receitas financeiras diminuídas das despesas financeiras dentro do resultado operacional. Conseqüentemente, o resultado financeiro é inserido dentro do resultado contábil operacional padronizado;

3º) resultado da avaliação pela Equivalência Patrimonial, dos investimentos em ações de outras empresas sejam relevantes (atinjam individualmente 10% do patrimônio líquido da investidora ou, em conjunto de vários investimentos, 15% desse patrimônio líquido). O resultado da Equivalência Patrimonial é considerado, na legislação atual, como conteúdo da estrutura do Resultado Operacional. Isso acontece pelo fato de que a participação da empresa em outras empresas consta em geral do seu objetivo social estatutário;

4º) resultado não-operacional, para refletir operações econômico-financeiras situadas fora do objetivo social, ocorrentes de forma eventual, como venda de ativos imobilizados, de ativos de investimentos, doações recebidas, receitas extras de prestação de serviço esporádico e outros.

Julga-se que essa reclassificação do demonstrativo de resultados da empresa serviria para uma melhor visualização e interpretação dos resultados e maior visibilidade para condução estratégica da organização.

Uma discussão ainda poderia ser realizada a respeito da inclusão das despesas financeiras (deduzidas das receitas financeiras, como acontece hoje) nas despesas operacionais, no contexto de que os financiamentos contratados são da órbita operacional pois fornecem recursos para ativos produtivos operacionais. Para quem optasse por essa solução, conviria então explicitar no demonstrativo de resultado o valor do LAJIR (Lucro Antes dos Juros e do Imposto de Renda), para indicar o resultado operacional da empresa antes da incidência das despesas financeiras ou juros sem as diminuições das receitas financeiras. Poucas empresas abertas brasileiras já fazem essa explicitação no seu Demonstrativo de Resultado do Exercício.

EBITDA E *CASH-FLOW* LIVRE

Tema

No conjunto das novas variáveis econômico-financeiras que vêm sendo utilizadas pelos analistas do mercado de capitais e por estrategistas e gestores empresariais destacam-se a Geração de Caixa Amplo (LADJIR ou EBITDA) e a Geração de Caixa Livre (*Cash-Flow* Livre). Cada vez mais as variáveis formadoras dos fluxos de caixa vêm se posicionando em níveis de relevo em face do decréscimo da imagem dos lucros das empresas. Manipulações e flexibilizações nas definições e registros dos lucros, seja por motivos legais ou por intermédio de interpretações das margens elásticas concedidas por experiências não reguladas, têm acontecido freqüentemente no Brasil e nos Estados Unidos. O resultado é a necessária busca de novos conceitos que sejam menos vulneráveis a estas flexibilizações. A geração de Caixa Ampla, ou EBITDA, cada vez mais faz parte dos indicadores de relevância para a medição e projeção de desempenhos empresariais. Dentro da estrutura do EBITDA, como variável estratégica para identificar a capacidade da empresa empreender novos projetos para alavancagem do valor do negócio, tem sido utilizado o *Cash-Flow* Livre.

Nesse contexto há debates e discussões sobre os dois conceitos, muitas vezes não havendo uma compreensão clara e objetiva das definições e utilizações do EBITDA e do *Cash-Flow* Livre. É o que se procura posicionar nesta análise.

Comentário

A Geração de Caixa Amplo é definida como o LADJIR, o lucro antes dos custos e despesas de depreciação, das despesas financeiras (juros) e do imposto de renda. É mais conhecida como EBITDA (*Earning Before Interest, Taxes, Depreciation and Amortization*) e pode ser calculada como resultado das Receitas Operacionais Líquidas subtraídas dos Custos Totais sem contar os custos de depreciação e das Despesas Totais sem as Despesas Financeiras e sem Despesas de Depreciação e de Amortização de Diferidos. É uma variável estritamente operacional, produzida pelo que a empresa gera de receitas menos os custos e despesas operacionais não vinculadas à reposição da desvalorização dos investimentos imobilizados nem as despesas pré-operacionais diferidas, assim como sem a dedução dos juros decorrentes da utilização de financiamentos utilizados pela estrutura de capital do negócio. O EBITDA é uma variável operacional mais estável do que os lucros definidos no final das linhas componentes do Demonstrativo de Resultado da empresa. Ele representa, portanto, a geração de resultado primário da empresa como se fosse um investimento cujos recursos básicos são capitais próprios dos acionistas. Também nesse resultado primário estão inseridos os recursos necessários à cobertura da depreciação de imobilizadas e amortizações de ativos diferidas. A maior importância do EBITDA está na demonstração da estrutura de suas cinco destinações fundamentais: (1) os custos e despesas de depreciação e amortização de diferidos; (2) as despesas financeiras, decorrentes dos financiamentos estruturados; (3) o imposto de renda sobre o resultado; 4) o dividendo distribuído aos acionistas; e (5) o lucro líquido retido para ser reinvestido na empresa. Agregando o item (5) do lucro retido com o item (1) dos custos e despesas de depreciação pode ser definida a Geração de Caixa Retido, conceito de grande importância no âmbito do conhecimento dos recursos operacionais gerados internamente e que servem para cobertura de compromissos financeiros assumidos ou a definir.

O *Cash-Flow* Livre se encontra exatamente nas faixas de destinações de recursos com origem no *Cash-Flow* Retido. Três são os destinos básicos dessa Geração de Caixa: (a) a cobertura das amortizações dos empréstimos contratados pela empresa; (b) os valores dos compromissos já assumidos pela gestão da empresa para destinação de recursos operacionais gerados internamente a projetos, participações em empresas, *joint-ventures*, compra de novos negócios, distribuições de lucros aprovados e outros fins, frise-se novamente, que já estão programados; (c) finalmente, o saldo do *Cash-Flow* Retido, descontando-se os itens (a) e (b) anteriores, constitui o *Cash-Flow* Livre.

O *Cash-Flow* Livre traduz os recursos gerados periodicamente nas operações da empresa que sobram para serem destinados a novos projetos que visarão aumentar o valor da empresa. Nesse ponto está situada a grande relevância do *Cash-Flow* Livre.

Para monitoramento permanente do desempenho da Geração de Caixa Livre devem ser utilizadas as suas relações com o Fluxo de Caixa Retido, com o EBITDA e com a Receita Operacional Líquida. Quanto maiores forem essas relações, maior potencial de participação e de impulsão dos recursos próprios autogerados nas operações da empresa, sobre novos projetos a serem inseridos na estratégia de crescimento do negócio e de seu valor econômico.

3
CUSTOS E RESULTADOS DA EMPRESA

CUSTO UNITÁRIO E CUSTO VARIÁVEL

Tema

Os sistemas de contabilidade de custos utilizados servem à contabilidade geral da empresa ao realizarem as apurações dos custos de produção unitários dos diversos produtos fabricados, proporcionando as bases contábeis para os valores dos estoques dos produtos e, em seguida, dos custos dos produtos vendidos. Formal e legalmente, a contabilidade de custos trabalha segundo a metodologia do custeio unitário ou custeio por absorção, em que cada produto fabricado deve ter um custo determinado. Tendo em vista que a estrutura do custo de produção em qualquer indústria multiprodutora envolve as componentes de custos diretos e de custos indiretos e que os indiretos não são relacionáveis a cada produto, mas a conjuntos de produtos, a determinação dos custos de cada produto, custo total do período e custo unitário de produção fica na dependência do critério de rateio dos custos indiretos, escolhido para fazer a apropriação dos custos indiretos a cada produto. O custo de cada produto será, então, calculado pela soma dos custos diretos com os custos indiretos rateados sobre este produto. O custo unitário é definido como o custo total dividido pelo número de unidades produzidas. Apesar de matematicamente correto em seu cálculo, o custo unitário de um produto é função do critério adotado para rateio dos custos indiretos e do nível de produção do produto. Dessa forma tem um caráter subjetivo (pelo rateio) e de pouca visibilidade, quando não é informado o nível da produção ao qual ele se refere. Dizer simplesmente que determinado produto tem um custo de produção de R$ 50 por unidade é fazer uma afirmativa de interesse restrito, parcialmente informativo. Isto porque, por essa simples informação, não se tem condição de saber: o posicionamento do produto em foco no conjunto de produtos fabricados, o critério de rateio dos custos indiretos que foi adotado nem o nível de produção em relação ao qual foi calculado. Além disso, deve-se tomar cuidado para não haver ilusões nem distorções nas decisões gerenciais que tomam o custo unitário como referência e base de raciocínio, para avaliar a positividade da linha de produto desse custo, fixar preços unitários ou determinar lucros unitários associados a esse produto. É só imaginar a possibilidade de ser o rateio de custos indiretos responsável por fazer o custo unitário ultrapassar o preço unitário de mercado. E nessa situação uma decisão poderia ser o encerramento da fabricação interna desse produto, sem se pesquisar a efetiva margem de contribuição atual ou potencial que esta linha de produto gera para a empresa. Outro caso que poderia adicionar dúvidas e más decisões ocorreria quando o nível de produção periódico variasse significativamente de um período para outro, fazendo com que o custo unitário daquele produto ou serviço também oscilasse de forma significativa, causando perplexidades, tanto maiores quando o preço de mercado de cada unidade do produto tivesse um comportamento constante ou pequenas variações. Nesse ambiente, a pergunta que se coloca é: será o custo unitário, figura essencialmente contábil, uma base adequada para encaminhar análises e decisões pertinentes à economia e ao desenvolvimento de linhas de produtos industriais?

Comentário

O custo unitário apurado pelos sistemas de contabilidade de custos tradicionais é obrigatório pela praxe contábil normalmente aceita em todo o mundo. Tem um caráter obrigatório para cumprimento das leis societária e fiscal. Para fundamentar decisões empresariais é preferível lançar mão de estruturas extracontábeis, com especial destaque no custeio variável ou custeio por incrementos. Nesse sistema nenhum produto tem custo unitário calculado. O que se determina é o custo variável, aquele que se modifica e varia com a produção efetivada. Caso não haja produção não há custo variável, o mesmo não acontecendo com os custos fixos existentes (custos diretos não variáveis e custos indiretos) que estão razoavelmente enraizados e somente seriam modificados por uma decisão interna institucional da diretoria. No Custeio Variável os custos fixos identificados são incorporados a um bloco de Dispêndios Fixos juntamente com as Despesas Fixas (incidentes fora do setor da fábrica) para controle específico dos itens estruturais (fixos) enraizados no processo produtivo (fábrica) e não produtivo, desenhados e institucionalizados pela administração da empresa (comerciais, financeiros, administrativos).

O Custeio Variável, extracontabilmente instituído, é excelente metodologia para ser aplicada em decisões gerenciais. Requer, entretanto, mais atenção e controle simultâneo nos Custos Variáveis e nos Custos e Despesas Fixas. Por essa metodologia, cada produto não gera lucro mas sim margem de contribuição (variável, resultado da diferença entre a receita líquida e o custo variável). A soma de todas as margens de contribuição dos produtos ultrapassando o total dos custos e despesas fixas proporcionará lucro para a empresa, o qual deverá remunerar adequadamente o investimento realizado. Quem tem lucro é a empresa e não o produto, como visualiza o custeio tradicional ou unitário (contábil). A aplicação do Custeio Variável é extremamente útil para base das estratégias de desenvolvimento empresarial. O Custeio Unitário é uma obrigação burocrática legal.

CUSTOS E DESPESAS DE DEPRECIAÇÃO

Tema

Muitas vezes não é percebida a diferença entre custos de depreciação e despesa de depreciação nas finanças empresariais. O custo de depreciação abrange a cobertura necessária que deve ser imputada na estrutura de custos de uma empresa, referente à perda de valor sofrida periodicamente pelos ativos imobilizados da fábrica. A despesa de depreciação se refere à reposição da perda de valor dos ativos imobilizados da empresa situados fora da área de produção, nos departamentos administrativo, financeiro, comercial e outros. Os processos contábeis de apuração dos custos e despesas de depreciação se diferenciam, assim como os lançamentos desses itens na apuração do resultado da empresa.

Comentário

Em primeiro lugar deve ser observado que a depreciação, tanto no custo como na despesa, é determinada por alíquotas fiscais. De sorte que seus valores são estritamente contábeis, podendo não significar a depreciação real que ocorre na prática. Como exemplo marcante está a fixação fiscal atual da depreciação de sistemas de computadores e informática em 5 anos (alíquota de 20% ao ano), quando todos sabemos que a vida útil efetiva de tais ativos não ultrapassa 2 anos, em face da alta velocidade das transformações e dos avanços da tecnologia. Nesses casos o custo contábil da depreciação é insuficiente para refletir o custo real. Somente através de retenção adicional de parcela do lucro seriam recuperados recursos para reposição do ativo investido.

Nos fluxogramas contábeis, as apurações do custo e da despesa de depreciação são diferenciadas. A contabilidade de custo, localizada na fábrica, para apropriação dos custos de produção dos produtos, determina o custo de depreciação e o lança nos custos de cada produto, via apropriação direta e/ou rateios. Os estoques dos produtos acabados incorporam os custos de depreciação respectivos, que ficam "estocados" até o evento de suas vendas, quando são lançados nos custos dos produtos vendidos. Enquanto não forem vendidos os produtos, os custos de depreciação ficam inseridos nos Estoques.

Na apropriação das despesas de depreciação a rotina é outra. A contabilidade geral da empresa calcula as despesas de depreciação dos diversos ativos imobilizados não-fabris e os lança diretamente com Despesa de Depreciação do Exercício, indo sensibilizar integralmente o resultado. O custo de depreciação, referido ao exercício, não necessariamente se refletirá integralmente no resultado do exercício, pois poderão não ser vendidos todos os produtos fabricados no período, havendo, portanto, estocagem da depreciação no custo dos Estoques dos Produtos Terminados, registrados no Ativo Circulante do Balanço Patrimonial do fim do exercício. Em empresas onde há aplicações intensivas de capital investido o custo de depreciação tem ponderável importância, o que repercute sensivelmente nos resultados, fazendo diminuir o lucro líquido, mas tendo uma significativa geração de caixa (lucro líquido mais custos e despesas de depreciação).

NIVELAMENTO ECONÔMICO OU FINANCEIRO

Tema

As empresas necessitam ter, dentro de sua Administração Financeira, parâmetros que orientem a produção e as vendas, no sentido de determinar o volume ou quantidades de produtos que, vendidos, estabeleçam o piso de geração de lucros. Essa análise constitui a avaliação do nivelamento das atividades da empresa. A maioria dos livros que tratam do tema se restringe a empresas que têm uma só linha de produção e venda e o ponto de nivelamento definido *break-even-point* se refere unicamente ao aspecto econômico da questão (lucro zero). De modo geral não existem referências aos casos mais comuns de nivelamento econômico em empresas multiprodutoras, nem ao estudo das condições de nivelamentos econômico-financeiros, mais amplos, onde se imputam como custos ou despesas obrigatórias alvos a serem atingidos, como lucros, dividendos, amortizações de empréstimos e se determinam quais os volumes ou programas de produção e venda que cumprem tais objetivos. Como proceder, então?

Comentário

Na empresa monoprodutora o cálculo do ponto de nivelamento econômico básico é orientado pela fórmula básica, usada no custeio variável, em que a produção vendida que conduz ao lucro zero é resultante da divisão da soma do custo mais despesa fixa pela margem de contribuição unitária de cada unidade vendida (preço líquido unitário subtraído do custo variável unitário do produto).

Na empresa multiprodutora não existem pontos de nivelamentos relacionados com os produtos. O que é adequado para se resolver um conjunto de n incógnitas (quantidades de produção/venda de n produtos) e uma só equação do lucro igualado a zero, é considerar como solução um vetor $(X_1, X_2, ..., X_n)$ de n quantidades x = vendas dos n produtos traduzindo um *programa de nivelamento* que satisfaz a equação de lucro zero.

Exemplificando:

1) No caso de um só produto, sendo a equação de lucro mensal igual a L = 5x − 1.000, onde R$ 5 são a margem unitária do produto e R$ 1.000 o custo/despesa fixa mensal, para o lucro ser igual a zero, a incógnita X deverá ser equivalente a 200 unidades/mês, o ponto de nivelamento:

$$X = \frac{1.000}{5} = 200.$$

2) No caso de uma empresa com 3 produtos, sendo a equação de lucro mensal igual a L = $5X_a + 4X_b + 6X_c$ − 30.000, quando se igualar a zero essa equação ter-se-á $5X_a + 4X_b + 6X_c$ − 30.000 = 0, onde R$ 5, R$ 4 e R$ 6 são as margens de contribuição unitárias dos 3 produtos e R$ 30.000 o custo/despesa fixa mensal.

Com apenas 1 equação e 3 incógnitas (X_a, X_b e X_c) a solução é indeterminada. Há uma infinidade de valores de X_a, X_b e X_c que atendem à equação. Qualquer trio ordenado (X_a, X_b, X_c), denominado de programa de nivelamento, que satisfaça essa equação será um programa de nivelamento. É só testar: são programas de nivelamento:

X_a = 1.000; X_b = 2.000; X_c = 3.667

ou

X_a = 3.000; X_b = 3.000; X_c = 500

ou

X_a = 2.000; X_b = 5.000; X_c = 0

etc...

A análise do nivelamento nessas empresas multiprodutoras deve considerar as opções para os valores de produção das linhas de produtos dentro das possibilidades oferecidas pelos respectivos mercados.

Na extensão do conceito de nivelamento para a área do nivelamento econômico-financeiro, a equação de lucro passa a ser correspondente ao lucro líquido, após o imposto de renda e o lucro líquido imputado deve ser igual ao alvo ou meta de recursos financeiros desejáveis para cobertura de:

1) reembolso das amortizações de empréstimos (os juros já foram considerados nas despesas);

2) dividendos para os acionistas;

3) pagamento de gratificações adicionais, de acordo com o nível de lucro da empresa;

4) geração de recursos a serem reinvestidos para suporte de orçamentos de novos projetos a serem implantados.

No caso da multiprodutora exemplificada, a função do Lucro Líquido, com alíquota do imposto de renda de 30%, é:

$$LL = 0{,}70 \, (5X_a + 4X_b + 6X_c - 30.000)$$

Novos programas de nivelamento econômico-financeiro serão definidos para cada alvo de Lucro Líquido fixado. Se a empresa precisa gerar um lucro líquido mensal de R$ 5.000 para pagar amortização de empréstimos, dividendos e reter recursos para orçamento de capital de novos projetos, a função de nivelamento econômico-financeiro fica sendo:

$$0{,}70 \, (5X_a + 4X_b + 6X_c - 30.000) = 5.000$$
$$3{,}5X_a + 2{,}8X_b + 4{,}2X_c = 26.000$$

Qualquer vetor (X_a, X_b, X_c) que satisfaça essa última equação será um programa de nivelamento econômico-financeiro com aquele alvo fixado de lucro líquido igual a R$ 5.000/mês.

DEPRECIAÇÃO E MANUTENÇÃO

Tema

Nos estudos e nas práticas de economia industrial são fundamentais a compreensão e a distinção entre os conceitos de depreciação e manutenção de máquinas, equipamentos e outros ativos imobilizados.

Nos cursos de economia e administração são inúmeros os casos de incompreensão desses conceitos, muitas vezes havendo sua superposição como sinônimos.

A depreciação de um bem significa a perda de valor que tem esse ativo com a passagem do tempo. Os bens de produção têm um determinado tempo de vida útil ou vida econômica, período em que funciona de acordo com as especificações dos fabricantes. A perda de valor sofrida por determinado bem começa desde a sua compra e instalação. Mesmo que não seja instalado, verifica-se a perda de valor a partir do momento em que chega na fábrica.

Esse fenômeno da perda de valor de um bem não deve ser confundido com a atividade necessária para que o mesmo continue trabalhando em condições operacionais e econômicas adequadas, que constitui a manutenção.

Comentário

A manutenção representa as atividades que são desenvolvidas para que um bem, um ativo imobilizado, funcione normalmente dentro de suas especificações, de forma que não seja diminuída sua vida útil. Tais atividades podem ser efetuadas de forma regular, preventivamente, ou de forma pontual, acidentalmente, quando ocorre uma quebra de peças componentes, necessitando de reposição e ajustes. A manutenção acarreta custos relativos às peças, materiais empregados e serviços prestados, e, em geral, é tratada através de contratos de prestação de serviços quando ela é suprida por terceiros; no caso de ter manutenção própria, a empresa se utiliza de funcionários de departamento próprio e deve ter almoxarifado de peças para reposição e materiais para os trabalhos de manutenção preventiva ou efetiva.

Por outro lado, a depreciação representa conceitualmente a perda de valor que sofre qualquer ativo imobilizado. São quatro os tipos de depreciação: física (com o correr do tempo e desgaste operacional); funcional (obsolescência, devido ao aparecimento de bens tecnologicamente mais modernos); acidental (quando decorre de um acidente ou sinistro) e exaustão (quando se retiram partes componentes, como na exploração mineral ou vegetal). A perda de valor por razões físico-operacionais deve ser compensada por recursos gerados pelas próprias operações, de forma a que no final da vida útil tenha sido retido na empresa um valor acumulado igual ao do investimento aplicado naquele ativo. Esse é um dos princípios básicos da economia industrial: o princípio da perenidade do capital, que é reconhecido pela Receita Federal, que permite a apropriação da perda de valor (depreciação) e sua dedução como custo (na fábrica) ou como despesa (fora da fábrica) para cálculo do imposto de renda. Na verdade, a depreciação periódica do ativo imobilizado é um custo ou uma despesa imputada, não desembolsada. Os recursos equivalentes a esse custo ou despesa da depreciação ficam "no caixa da empresa", se acumulam e são aplicados normalmente no giro e até em ativos permanentes da empresa. O cálculo da depreciação anual relativa a determinado ativo é feito, para fins de imposto de renda, através de alíquotas fiscais, podendo não ser alíquotas reais (os computadores na empresa só podem ser fiscalmente depreciados em 5 anos com alíquota de 20% a.a, mas sua vida real tem sido de no máximo 2 anos. O cálculo da depreciação acelerada é um incentivo fiscal, para que a empresa pague menos imposto de renda nos primeiros anos da vida produtiva, e mais imposto nos anos finais. A depreciação acelerada também é exemplo de como se diferencia alíquota fiscal da real. Contabilmente, os custos e as despesas de depreciação diminuem o lucro líquido e, por conseguinte, o imposto de renda e dividendo aos acionistas. Entretanto, a geração de caixa não é afetada pelo valor da depreciação registrada, a qual é somada ao lucro líquido final apurado para se ter a geração de caixa básica. Finalmente, cabe anotar que, no registro do valor contábil dos Ativos Imobilizados, a depreciação anual vai progressivamente ajustando o valor daqueles ativos, através da conta de Depreciações Acumuladas (Provisão para Depreciação), a qual vai retificando para baixo o valor líquido dos ativos imobilizados constantes do Ativo Permanente do Balanço Patrimonial. Os recursos compensatórios a essa baixa do Ativo Permanente são inscritos no Ativo Circulante, numa primeira etapa, através das entradas no Disponível e nas Contas a Receber de recursos das Receitas Operacionais das Vendas.

CUSTEIO TRADICIONAL OU CUSTEIO ABC?

Tema

A contabilidade de custos tradicional objetiva a apuração dos custos de fabricação de cada produto elaborado dentro das instalações fabris. A partir dos Estoques de Matérias-Primas e Materiais, das Folhas Salariais dos funcionários alocados na fábrica e das Despesas Gerais da Fabricação, através de custos-padrões ou efetivados, nas Ordens de Serviço ou Centros de Custos são apropriados os custos dos produtos fabricados. Os custos diretos são lançados em via direta aos centros e aos produtos a que correspondem. Os custos indiretos, aqueles que incidem em cima de grupos de fatores produtivos que servem à elaboração conjunta de vários ou de todos os produtos, são rateados para serem absorvidos em fatias alocadas aos diversos produtos. Por isso, a contabilidade de custos tradicional é também denominada de contabilidade por absorção ou contabilidade por custeio unitário. Os custos indiretos rateados somados aos custos diretos de cada produto resultam no custo de produção total associado a cada produto, que dividido pelo número de unidades fabricadas resulta no custo unitário de produção de cada produto, no período de apuração. Esses custos unitários dos produtos são utilizados pela Contabilidade Geral para constituição dos Estoques dos Produtos Elaborados, base dos Custos dos Produtos Vendidos, quando do registro das vendas realizadas.

Malgrado ser este o caminho institucional pelo qual trilha a Contabilidade Geral para fins societários e fiscais, os resultados que se apuram para os custos, segundo esta metodologia, deixam muito a desejar para lastrear decisões gerenciais estratégicas. Muitas vezes se observam grandes variabilidades no valor do custo unitário de um produto sem uma explicação diretamente visível no seu valor, por motivo de modificações sensíveis no nível de produção. Além disso, outra empresa (ou a mesma empresa) que adote outro critério para ratear os custos indiretos apura diferente valor para o custo unitário de um mesmo produto. Em suma, os custos unitários tradicionais, além de serem definidos de forma subjetiva, conforme o critério de rateio adotado para os custos fixos, têm variabilidade decorrente do volume produzido. Muitas vezes, em um complexo industrial, o custo unitário de um produto chega até a ultrapassar o preço líquido de venda, por força de uma grande porção dos custos fixos rateada em cima desse produto.

Tem-se procurado, incessantemente, metodologias para aperfeiçoar a apuração dos custos e definir novas formas gerenciais de decisão a partir de novos processos de custeio. O custeio ABC é uma delas. Será ela a solução?

Comentário

O custeio tradicional é mandatório para fins societários e fiscais. Algumas empresas estão adotando o custeio ABC – Custeio Baseado em Atividade (*Activity Based Costing*) para aperfeiçoar seus sistemas de custo e de decisões internas. Tido como solução para racionalizar e aperfeiçoar os sistemas de custos para base de decisões, o sistema ABC é um complemento útil para visualizar e aperfeiçoar melhorias no conhecimento dos custos indiretos ou fixos das atividades fabris das empresas. O custeio ABC se baseia na identificação dos processos e das atividades dentro da fábrica, nas atividades identificadas nas áreas de infra-estrutura fabril, onde se concentram os custos indiretos. Tais atividades identificadas servem para a convergência da apuração desses custos. Cada grande atividade destacada, segundo sua relevância para a empresa, é um bloco comum entre as áreas funcionais e os processos estabelecidos. O método ABC rastreia os custos indiretos dos departamentos carreando-os para as atividades realizadas, como, por exemplo: transporte interno, comunicação, supervisão. A partir da identificação dos custos inerentes às atividades são eles então repassados aos produtos ou unidades de fabricação de cada produto, de acordo com os ritmos de consumo de cada atividade estruturada pelo produto ou sua unidade de fabricação.

O custeio ABC não trata dos custos diretos que já são conhecidos e podem ser associados aos produtos sem qualquer maior dificuldade. O custeio ABC se restringe, portanto, aos custos indiretos e não deixa de ser mais um critério de rateio desses custos sobre os produtos, o resultado das alocações dos custos das atividades sobre cada produto. O custeio ABC aperfeiçoa os critérios de rateio do custo indireto sobre os produtos, além de permitir um bom conhecimento dos processos fabris relacionados às áreas comuns de produção de diversos produtos.

De qualquer forma, seja pelo método do custeio tradicional, seja pelo método do custeio ABC, ficam ainda faltando respostas às perguntas básicas: qual o verdadeiro custo de um produto? Qual o produto mais econômico ou mais eficiente para o resultado de uma empresa multiprodutora? Qual é o verdadeiro ônus (custos e despesas) fixo que periodicamente a empresa tem de enfrentar e como enfrentar?

As respostas ainda são insistentemente procuradas. Possivelmente a prática de custeio variável ou custeio estratégico seja uma solução adequada. Mas isso é assunto para outros debates.

4
ESTRUTURA DE CAPITAL

CUSTO DE OPORTUNIDADE E CUSTO DE CAPITAL

Tema

As práticas existentes nos cálculos financeiros envolvidas nos cursos e temas de Análise de Investimento utilizam, com grande freqüência, como instrumento de atualização dos fluxos de caixa das inversões, a taxa de juros representativa do custo de oportunidade para os valores dos fluxos dos investimentos. É uma conceituação correta, pois há que se ter parâmetros adequados para medir o efeito da variação do valor do dinheiro ao longo do tempo. Mas o que é exatamente custo de oportunidade? É apropriado usar a taxa de um CDB (Certificado de Depósito Bancário) ou CDI (Certificado de Depósito Interbancário) para representar o custo de oportunidade? Essas dúvidas são seguidas por outras geradas pela aplicação da taxa de juros denominada de custo de capital, nos livros e nas aplicações de Finanças Corporativas, para determinar a criação de valor em projetos, através do conhecimento dos valores atuais ou futuros de seus fluxos de caixa. Em que ponto nos devemos situar?

Comentário

Custo de oportunidade de uma opção de investimento ou de um projeto é a maior taxa de remuneração alternativa que se poderia obter aplicando os recursos disponíveis para aquela opção de investimento, que não seria realizada. Se a alternativa única que se pode ter em relação a um determinado projeto for aplicar o dinheiro do projeto no mercado de renda fixa em um Certificado de Depósito Bancário ou em um Fundo de Investimento que rende 1% ao mês, então o meu custo de oportunidade a ser considerado para o projeto é de 1% ao mês. É claro que, no terreno das oportunidades reais em projetos de indústrias, de estabelecimentos rurais ou comerciais, as alternativas a longo prazo que devem ser consideradas em relação a um projeto específico não se situam no mercado financeiro, a não ser por períodos temporários e curtos, para aplicação de pequenos recursos ociosos de caixa. Uma alternativa válida para comparação deve ser outro projeto ou conjunto de atividades que tenham taxas de rentabilidade próprias de seus negócios seguramente superiores ao rendimento de qualquer papel negociado no mercado financeiro. Em suma, geralmente para um empreendimento real, o custo de oportunidade deve ser encontrado em outro negócio real, onde se possa investir alternativamente.

No campo da criação de valor para uma empresa é importante o conceito básico de custo de capital, que não deve ser confundido com o custo de oportunidade, mas deve ser compreendido como um dos instrumentos básicos das finanças corporativas na apreciação do mérito de um projeto e na sua comparação com outras opções de investimento. O custo de capital de um empreendimento é a taxa de juros representativa da média ponderada dos custos dos recursos captados para cobertura dos investimentos do negócio. É, portanto, um misto do custo dos empréstimos (juros) contratados (em termos líquidos, já deduzido o imposto de renda incidente sobre os juros) com o custo dos capitais próprios imputados para que haja o interesse efetivo de os acionistas participarem do negócio. Os ponderadores são as percentagens de participação dos empréstimos e dos capitais próprios (*equity*) no valor total dessas duas componentes, medidos em termos de mercado. O custo de capital é importante pois é ele que dá a medida do piso mínimo para a rentabilidade do investimento de um projeto a ser financiado por aquele *mix* de débito e *equity*. Caso o *Cash-Flow* de um investimento tradicional seja descontado pela taxa do custo de capital, o seu valor atual sendo positivo (VPL > 0) identifica-se a riqueza gerada, o valor criado pelo projeto de investimento em causa. Enquanto o custo de capital tem o sentido de explicitar geração de valor dos projetos, o custo de oportunidade serve para um balizamento feito por uma opção alternativa existente. As comparações entre projetos de investimento são efetuadas mediante o uso do custo de capital inerente a cada alternativa e cálculo dos VPLs (Valores Presentes Líquidos) respectivos, devendo ser preferencialmente escolhido aquele que ostentar maior VPL, ou seja, maior geração de valor.

EMPRÉSTIMO OU CAPITAL PRÓPRIO

Tema

Uma decisão técnica relevante da área financeira de qualquer empresa diz respeito à definição estratégica do uso de capital próprio ou de financiamento para cobertura dos investimentos em ativos operacionais, fixos e de capital de giro. Em realidade, os estudos básicos para essa decisão procuram efetivamente encontrar o *mix* ideal para essa estrutura de recursos, levando em conta a possibilidade de se evidenciar uma alavancagem financeira positiva, no caso de a rentabilidade dos capitais próprios investidos, usando endividamento, ficar maior do que na hipótese de só lançar mão de capital próprio. Entretanto, sabe-se que o capital de empréstimo, tendo custo mais barato do que o do capital próprio, somente será obtido se houver oferta de crédito adequada e o mutuário puder oferecer aos mutuantes garantias suficientes para receber os empréstimos, demonstrando aos banqueiros, simultaneamente, as condições de viabilidade futura de seu negócio.

Comentário

A pesquisa da estrutura de capital ideal envolve a definição do nível de endividamento oneroso, de curto e de longo prazos, em complemento à disponibilidade de recursos próprios autogerados no negócio como também os valores captados de acionistas, antigos ou novos. O endividamento bancário de curto prazo, em geral mais barato do que o custo dos financiamentos de longo prazo, deve ser promovido para fornecer fundos provisórios destinados à cobertura transitória de déficits de caixa. O financiamento do capital de giro, especialmente dos estoques, prioritariamente deve ser providenciado pelos créditos dos próprios fornecedores. Os recursos de financiamento de longo prazo devem ter custo financeiro inferior às taxas de rentabilidade dos projetos de investimentos para os quais se destinam e os prazos e prestações de reembolso devem ser compatíveis com as projeções do *Cash-Flow* futuro da empresa, já incorporando tais projetos de investimento. Os fundos de capital próprio internos devem ser procurados primeiramente nas projeções do *Cash-Flow* Retido gerado pela própria empresa. Se depois da definição dos recursos internos e do aporte dos financiamentos de longo prazo ainda for necessário o concurso de recursos, novos aumentos do Capital Social devem ser providenciados pelos acionistas. Vale ainda lembrar que a composição da estrutura de capital da empresa influencia o seu custo de capital, ou seja, a média ponderada dos custos dos financiamentos de terceiros e do capital próprio investido. A importância desse custo de capital está no fato de que ele permite o cálculo do valor gerado pelo projeto, através da evidência do Valor Presente Líquido do *Cash-Flow* projetado, descontado pela taxa do custo de capital. Muita gente se engana ao imaginar que seria importante o projeto não se valer de qualquer recurso de endividamento. Não se deve esquecer de que o capital próprio tem custo, e o seu nível é mais elevado do que o custo do capital de terceiros, tendo em vista o maior risco envolvido em sua aplicação. O aparente dilema entre usar empréstimo ou capital próprio não deve ser assim configurado, mas posicionado na pesquisa e cálculo do *mix* ideal da estrutura de capital que se reflita no custo de capital adequado para a empresa atingir o maior valor econômico para o seu negócio (maior VPL para o seu *Cash-Flow* projetado).

VALOR PATRIMONIAL OU VALOR DE MERCADO

Tema

Nas avaliações de empresas e negócios existem duas metodologias básicas para se estabelecer as referências de valor para negociação da transferência de controle da organização. O primeiro método se apóia nos demonstrativos financeiros que registram os posicionamentos econômico-financeiros contabilizados até a presente data, focalizando especialmente os Valores dos Patrimônios Líquidos, os Valores Patrimoniais das Ações, os Exigíveis onerosos e não-onerosos. É o método do Valor Patrimonial. O segundo método de avaliação adota o Valor de Mercado para associação do *quantum* monetário que está associado à empresa ou ao bem focalizado. Em realidade, é esse segundo método que apresenta o valor da empresa vinculado às expectativas de seu desenvolvimento futuro. Na contabilidade da empresa pode estar registrada uma cifra até expressiva para o Patrimônio da empresa, mas seu Valor de Mercado pode estar muito inferior em vista de sua incapacidade ou impossibilidade de gerar resultados em um mercado cadente ou diferente daquele para o qual estaria estruturada a empresa. O principal problema da Metodologia do Valor de Mercado é a existência restrita desse mercado, inexistência de uma Bolsa de Valores onde fosse transacionado um grande número de empresas. A maioria das empresas, especialmente as pequenas e médias, também não troca de mão todo dia, nem são criadas sob forma de sociedades de ações. Como avaliá-las se não existem registros de transações sistemáticas que traduzam seus Valores de Mercado? Seria solução adequada usar o Valor Patrimonial em sua avaliação?

Comentário

O Valor Patrimonial (*Book Value*) traduz os registros contábeis históricos realizados até a data, tendo havido ou não correções monetárias desses valores através de multiplicadores baseados em índices de preços. Traduz, conseqüentemente, o que foi realizado, dando o resultado ou saldo acumulado da evolução pretérita das ocorrências. Podem estar adequados ou corretos de acordo com a qualidade da contabilidade e de seus registros. Balanços e demonstrativos auditados apresentam-se com maior confiabilidade. Nas pequenas e médias empresas, os demonstrativos financeiros têm, comumente, menor grau de fidedignidade. De forma geral, os valores contábeis patrimoniais servem para fins societários e fiscais e para a realização de análises de performances econômico-financeiras referentes aos exercícios pretéritos.

Por outro lado, o Valor de Mercado traduz os valores pelos quais são transacionados regularmente os bens ou ações. As Bolsas de Valores, Bolsas de Mercadorias, Bolsas de Automóveis e de Arte são os locais onde se efetuam as compras e vendas do objeto de troca. No caso de eventual transação com a ação de uma empresa, o Valor de Mercado somente seria explicitado nessa única operação e, assim mesmo, se houver a divulgação do valor realmente negociado e acertado. É claro que toda empresa, todo negócio possui um Valor Intrínseco que, para ser identificado, precisa ter o respaldo de um estudo técnico, econômico, financeiro, administrativo-estratégico, para estimar as suas perspectivas futuras, o seu *Cash-Flow* projetado. Esse Valor Intrínseco é o Valor Econômico do negócio, relacionado com suas expectativas futuras. O conhecimento generalizado pelo mercado dos Valores Econômicos das empresas, estimados pelos analistas e consultores de investimentos, fundamenta a base de formação do Valor de Mercado. A rigor, o Valor de Mercado é a tradução prática do Valor Econômico Médio estimado para aquela empresa ou ação. Quando uma empresa não tem suas ações ou cotas negociadas regularmente e se verifica a oportunidade de uma transação, para mudança de controle do negócio, o que dá sustentação às negociações desenvolvidas são as estimativas de Valor Econômico feitas pelo lado do comprador e pelo lado do vendedor. A partir desses referenciais serão desenvolvidas as negociações até o acerto final da transação, explicitando o efetivo Valor de Mercado da operação.

POR QUE RECOMPRAR AS PRÓPRIAS AÇÕES

Tema

Uma das providências utilizadas pelas empresas norte-americanas para proteger ou aumentar o valor de suas ações negociadas em bolsas de valores é efetuar a recompra de um lote significativo de suas ações em bolsa, para mantê-las por determinado prazo em suas carteiras, revendendo-as ou distribuindo-as como complementação de renda de seus executivos e funcionários. Com a recompra de ações as empresas diminuem o número de suas ações em circulação no mercado, fazendo suas cotações subirem. Nesse evento as empresas estão sinalizando também para o mercado que sua economia é sólida e com boas expectativas de crescimento para o futuro, o que impulsiona maior procura pelos investidores se concretizando um crescimento da cotação das ações em Bolsa. Em casos esporádicos de crises no mercado de capitais, como ocorreu no episódio da crise asiática em outubro de 1997, na qual em um dia o índice Dow Jones caiu quase 10%, as principais corporações, no dia seguinte, emitiram elevadas ordens de compra de suas ações fazendo o índice Dow Jones praticamente retomar aos níveis anteriores à queda. Após o episódio do atentado terrorista de 11 de setembro, a SEC – a CVM dos Estados Unidos – facilitou enormemente as operações de recompra das ações norte-americanas, eliminando algumas barreiras de controle existentes, como a proibição de tais negociações se efetuarem nos primeiros ou últimos 30 minutos dos pregões e remoção da inibição de revender as compras no dia seguinte, e outras mais. De modo geral há limites operacionais e necessidade de visibilidade para as operações de recompra de ações no mercado por parte das empresas respectivas.

Comentário

Há sempre desconfiança do público e dos analistas a respeito das operações de recompra de ações. Existe sempre a dúvida se a empresa, tendo informações internas privilegiadas, não está se utilizando desse artifício para "enganar" os investidores, podendo obter das operações lucros extraordinários. É claro que uma empresa que se utiliza do processo de recompra para "passar a perna" no mercado poderá fazê-lo uma só vez, pois descoberta a esperteza, a perda da confiabilidade na empresa será visível e efetiva.

Descartando o eventual aspecto distorcido da medida, uma política saudável de recompra de ações, com as praxes e os anúncios oficiais obedecidos, é uma alternativa válida à política de distribuição de dividendos, para o uso do dinheiro disponível em caixa da empresa. Através da recompra de ações, dentro de uma política de alavancagem do valor da corporação, muitos investidores serão atraídos pelos papéis da empresa e estarão propensos a investir adicionalmente nos seus projetos de expansão.

Em situações emergenciais de queda da Bolsa por eventos extraordinários, a recompra de ações é medida acertada para minimizar a queda de seus papéis.

A longo prazo, a política de recompra de papéis para remuneração extra da força de trabalho ou para valorizar a empresa se insere na estratégia de desenvolvimento dos seus negócios.

PASSIVO TOTAL E CAPITAL PERMANENTE COMO FONTES DE RECURSOS

Tema

Para definição do capital utilizado por uma empresa, alguns analistas empregam o total do passivo que envolve três fontes de financiamento básicas: endividamentos de curto prazo e de longo prazo e o patrimônio líquido. O Passivo Total representa o saldo de todas as origens de recursos que financiam as aplicações nos ativos da empresa.

Por outro lado, outros analistas preferem usar como fonte básica dos recursos o chamado Capital Permanente ou Capital de Longo Prazo, soma dos Exigíveis de Longo Prazo com o Patrimônio Líquido (Capital Próprio), especialmente quando se trabalha com objetivos e projeções a longo prazo.

ATIVO	PASSIVO
AC Outros	PC = 200 ELP = 300 (*) P. Líq. = 500
1.000	1.000

e

ATIVO	PASSIVO
CCL = AC − PC Outros	ELP = 300 (*) P. Líq. = 500
800	800

AC: Ativo Circulante.
PC: Passivo Circulante.
ELP: Exigível a Longo Prazo.
P. Líq.: Patrimônio Líquido.
CCL = AC − PC: Capital Circulante Líquido.
(*) Capital Permanente = ELP + Patrimônio Líquido.

O Capital Permanente é também denominado de Capital de Longo Prazo e Capital Investido (*Invested Capital*).

Comentário

A utilização mais geral considera o Passivo Total e seus componentes como referência do conjunto de recursos de endividamento (curto e longo) e de capital próprio, que financiam os Ativos Totais do Balanço Patrimonial da empresa. Através de suas componentes, pode-se analisar a estrutura do endividamento, as relações de alavancagem entre o endividamento total e o patrimônio líquido ou passivo total. Em complemento, é também possível examinar a participação do capital próprio e seu grau de capitalização, com referência ao passivo total.

Quem usa o Balanço Patrimonial estruturado de forma compacta, considerando como fonte de recursos, o Capital Permanente tem a intenção de avaliar as fontes e as aplicações de recursos de longo prazo e sua estrutura. Também a aplicação desses recursos é objetivada nas análises, devendo-se verificar sua composição pelo Capital Circulante Líquido (Ativo Circulante – Passivo Circulante), Realizável a Longo Prazo (RLP) e o Ativo Permanente. Uma relação relevante de alavancagem a longo prazo pode ser então definida pelo quociente entre ELP e o Patrimônio Líquido; quanto maior essa relação, maior o risco financeiro de longo prazo envolvido.

Quem usa o Passivo Total como soma dos saldos das fontes de recursos da empresa o faz de modo mais amplo, incorporando endividamentos de curto e de longo prazos. Por outro lado, o Capital Permanente somente trata dos recursos de longo prazo e sua estrutura. A diferença entre o Capital Permanente e o Passivo Total reside no Passivo Circulante, que, incorporado ao CCL (Capital Circulante Líquido), serve para a medida de performance dessa variável no contexto das aplicações dos recursos de longo prazo. Nas projeções dos Orçamentos de Capital que fazem parte dos projetos de investimento correspondentes, o Capital Permanente projetado deve representar as fontes de recursos (de longo prazo) que estão financiando os principais itens do Ativo. Ou seja, Capital Circulante Líquido (CCL nítido), Realizáveis a Longo Prazo (se for o caso) e os Ativos Permanentes formados pelo Imobilizados e Despesas Pré-Operacionais Diferidos.

DIVIDENDO OU RETENÇÃO DE LUCRO

Tema

A remuneração que recebem os investidores em ações é constituída de duas parcelas: os dividendos distribuídos como parte dos lucros gerados e a valorização das ações obtidas por sua cotação nas Bolsas de Valores. Sendo uma aplicação de risco, não é garantido que haja o ganho de valorização bursátil nem que a empresa apresente lucro em seus demonstrativos contábeis para distribuir um percentual para os acionistas. Daí por que o investidor deve estudar bem os investimentos potenciais em ações para o seu capital, direta ou indiretamente através de profissionais do mercado, analistas e gestores de investimentos, para selecionar os melhores negócios, que também têm risco de performances negativas. Na legislação brasileira das sociedades anônimas há ainda a situação ímpar, em termos internacionais, da obrigação de distribuição pelas empresas de um dividendo mínimo de 25% do lucro líquido ajustado apurado. Nos EUA e na Europa os dividendos são definidos especificamente pela Assembléia dos Acionistas, com base em propostas estratégicas da administração das empresas.

A decisão de distribuir dividendos afeta a capacidade de investimento da empresa. É comum a falta de percepção, no mercado, a respeito desse *trade-off* que se estabelece entre um maior *payout* (dividendo medido relativamente ao lucro líquido) e menor capacidade de crescimento da empresa.

Comentário

É certo que a política de distribuição de dividendos definida pela empresa obedece aos reclamos dos acionistas, por lucros de seus investimentos em ações. Por outro lado, a administração da empresa tem que tomar uma decisão estratégica ao definir que parcela dos lucros líquidos auferidos deve pagar aos acionistas, retirando recursos do capital de giro e eliminando recursos que poderiam ser canalizados para investimentos da empresa. Nesse particular, para empresas com várias oportunidades de investimentos, ao lado de escassez de recursos financeiros, o dividendo será sempre, em princípio, um "inimigo" ou uma dificuldade para criação de valor, pela retirada que faz de recursos da empresa, os quais deveriam estar sendo destinados aos projetos de expansão. Isso, caso a empresa não obtenha em outras fontes de terceiros os recursos equivalentes necessários.

Um sistema alternativo ao pagamento de dividendos que as empresas têm adotado é a recompra de suas ações para guarda em tesouraria ou destinação à remuneração complementar de seus funcionários, como bônus associados aos resultados alcançados, obedecendo a certas regras da Bolsa sobre visibilidade desse tipo de operação.

Com essa estratégia, as ações da empresa são valorizadas, pela diminuição do volume de ações em circulação, ao mesmo tempo em que as empresas estão sinalizando – o que deve corresponder à verdade do negócio – que a organização se encontra sólida e em trajetória de evolução positiva. Diminuindo-se o nível dos dividendos, sobram mais recursos para serem reinvestidos na composição das fontes de capital para cobertura dos investimentos requeridos para modernização, diversificação e expansão da capacidade produtiva da empresa. Em cima dessas retenções de lucro podem ser definidas as parcelas de financiamentos de longo prazo e, eventualmente, se necessários, novos aportes de capital social de antigos ou novos acionistas para composição dos investimentos dimensionados. Em geral, quando a empresa anuncia que vai reter maior proporção dos lucros, diminuindo até o nível do dividendo já ocorrido no passado, de modo a canalizá-la para ampliação da empresa, a reação do mercado é favorável, pois vislumbra uma oportunidade de expansão de valor da empresa. Deve-se ter em conta que só a realização de novos e bons projetos de expansão das atividades empresariais é que garante aumento de valor do negócio, com base na valorização efetiva de suas ações nas Bolsas de Valores.

ANÁLISE FUNDAMENTALISTA OU ANÁLISE TÉCNICA PARA OS INVESTIDORES NA BOLSA DE VALORES?

Tema

Os analistas e consultores da área de investimento em ações se utilizam de duas metodologias para análise das tendências e dos valores dos preços das ações: análise fundamentalista e análise técnica (ou gráfica). Alguns deles se utilizam das duas metodologias simultaneamente, alguns somente se apóiam na análise fundamentalista com observações superficiais na análise gráfica. Há também aqueles que somente recebem sinais das análises gráficas. Já houve muita discussão a respeito da substituibilidade entre as duas metodologias. Hoje, praticamente, há o conceito da essencialidade da análise fundamentalista e complementariedade da análise gráfica, especialmente na ênfase do monitoramento do dia-a-dia das operações e flutuações dos preços das ações nas Bolsas de Valores.

Comentário

As análises técnicas se apóiam em gráficos temporais dos comportamentos dos preços das ações e dos índices formados por preços de grupos de ações. Pela análise gráfica o analista procura interpretar o comportamento e a direção ou tendência do preço da ação. A análise desta corrente procura prever no curto prazo as mudanças nos preços de uma ação usando a curva do passado, suas características e inflexões, magnitudes de mutações, número de repetições de determinadas ocorrências, posição relativa do preço instantâneo nas médias fixas e móveis passadas da ação e do índice de conjuntos de ações, volumes negociados, taxas de variação acumuladas. Através dessas mutações são definidos pontos máximos e mínimos, possíveis canais de tendência, momentos de inércia, fases de consolidação com movimentos dentro de bandas estreitas e outros indicadores. A essência da análise técnica situa-se nos gráficos. Qualquer interpretação de ocorrência ou tendência repousa em modelos extraídos do comportamento gráfico absoluto ou relativo do preço da ação e seu volume negociado. Gráficos de barra, de ponto-figura, de suporte e resistência, de índice de força são os mais utilizados. Curtíssimos e curtos prazos são os horizontes básicos dos analistas gráficos.

Por outro lado, a análise fundamentalista reúne as técnicas e ferramentas que procuram avaliar o comportamento do preço da ação como projeções do desempenho passado e, principalmente, de expectativas futuras relativas à empresa daquela ação. Essa análise procura os "fundamentos" que explicam as performances da empresa: sua estratégia de desenvolvimento, suas estruturas de organização e de gestão, seu corpo técnico, seus demonstrativos financeiros dos últimos exercícios, entrevistas e sinais dos diretores da empresa sobre o presente e o futuro da companhias, as análises de consultores sobre o desempenho e sobre as projeções de resultados, o conhecimento de planos de reorganização, fusão, incorporação, mudanças tecnológicas, expansão de atividades que vão promover novos resultados futuros, posicionamento relativo da empresa dentro do setor em que se insere, e outras mais informações. A análise fundamentalista se apóia nos estudos de avaliação de índices de performances passadas e avaliações de projeções sobre as possibilidades futuras, calcadas em interpretações realistas sobre os principais fatores relevantes internos e externos que afetam os resultados dos negócios da empresa. A análise fundamentalista procura ajudar um potencial acionista a conhecer verdadeiramente os fundamentos do negócio e os riscos que corre aquele que se tornar acionista da empresa. Tem, portanto, horizonte colocado mais a médio e longo prazos. Os indicadores de volatilidade no preço e de volume da análise gráfica são acoplados a indicadores projetados de preço/lucro, *yield* do dividendo, valor de mercado/valor patrimonial, preço/*Cash-Flow*, *payouts* (dividendo/lucro), rentabilidade de patrimônio líquido e alavancagem a longo prazo, e outros mais. Todos esses indicadores são estruturados e interpretados à luz dos fundamentos que ocorrem e poderão ocorrer na gestão, na organização, no mercado, na tecnologia, nas organizações e nas condições econômico-financeiras ligadas à empresa.

COMPRA DE EMPRESAS COM DINHEIRO OU COM EMISSÃO DE AÇÕES?

Tema

Quando uma empresa deseja expandir suas atividades, segundo a estratégia de integração com outras organizações existentes, pode optar pela aquisição de ações da outra companhia, à vista ou a prazo, tornando-se esta última subsidiária ou coligada da primeira, conforme o volume de ações transacionado. Essa operação só pode ser realizada envolvendo valores monetários desencaixados à vista ou nos prazos combinados.

Na hipótese dessa aglutinação estratégica de empresas se caracterizar como incorporação, havendo uma empresa incorporadora que compra os ativos, descontados os exigíveis da outra empresa, a incorporada desaparece como pessoa jurídica. A empresa incorporadora pode pagar a compra da incorporada de duas formas: em dinheiro ou em ações. Na primeira hipótese dá-se simplesmente a troca de dinheiro pelas ações da empresa incorporada. Os acionistas ou sócios da incorporada recebem o dinheiro e é extinta sua empresa. De outra forma, a empresa incorporadora pode usar recursos já existentes em seu caixa ou tomar empréstimo ou lançar bônus para angariar os recursos necessários. Na segunda hipótese, muito comum, a empresa incorporadora emite novas ações próprias para pagar aos ex-acionistas da empresa incorporada, que dessa forma apostam no futuro da empresa incorporadora e se tornam seus novos acionistas.

Muitas vantagens e desvantagens podem ser listadas a favor da compra em dinheiro e da compra por emissão de novas ações. No tocante à divisão de sinergias da consolidação das empresas, dando nova formatação e potencial à empresa incorporadora que subsiste, não são bem claras as vantagens monetárias da metodologia de compra em dinheiro em relação à compra através de emissão de ações, o que se deseja demonstrar a seguir.

Comentário

Toda consolidação de empresas só tem sentido econômico se gerar sinergia. Em outras palavras, se a soma dos Valores de Mercado das empresas, antes da aquisição, incorporação ou fusão, for inferior ao Valor de

Mercado que será apresentado pelas empresas, novas ou antigas, após a aglutinação.

Seja o caso da empresa A, cujo Valor de Mercado é de R$ 40.000, que deseja incorporar a empresa B, que tem Valor de Mercado de R$ 10.000. Os acionistas dessas duas empresas estão negociando de modo que A pagará o valor de B ao mercado (sem nenhum ágio ou deságio). A empresa A tem 1.000 ações no Capital Social e seu preço de mercado atual é de R$ 40/ação. Os estudos técnico-econômicos para essa incorporação indicam que o Valor da Sinergia que será gerada pela absorção de B aos ativos e passivos de A fará com que a empresa A tenha um Valor Econômico (possivelmente igual ao Valor de Mercado) aumentado para R$ 75.000, mais 50% do que a soma anterior dos Valores de Mercado das duas empresas (R$ 50.000), não se computando ainda o que a empresa A teria de pagar no caso de compra de B a dinheiro (R$ 10.000).

Caso A comprasse B com dinheiro, o Valor de Mercado de A nas novas condições previstas cairia de R$ 75.000 para R$ 65.000 com o desembolso de R$ 10.000 para absorção da empresa B. Os ex-acionistas de B receberiam os R$ 10.000 por suas ações e os acionistas de A ganhariam toda a sinergia líquida gerada de R$ 65.000 − R$ 40.000 = R$ 25.000, que representaria um percentual de $\frac{R\$ \ 25.000}{R\$ \ 40.000}$ = 62,5% sobre seu valor de Mercado antes da incorporação de B. As 1.000 ações de A passariam para a cotação de R$ 65 após a incorporação (R$ 65.000 ÷ 1.000).

Na segunda hipótese, de se realizar a compra das ações de B com emissão de novas ações de A, ter-se-ia que aumentar o número de ações dessa companhia de 1.000 para 1.250. As 250 ações adicionais (Valor da Empresa B = cotação da ação de A x n° adicional de ações de A) são obtidas dividindo-se o Valor de Mercado de R$ 10.000 que valem as ações de B pela cotação da ação de A: R$ 40. O Capital Social da companhia A ficaria dividido agora em 1.250 ações, sendo 1.000 ações dos antigos acionistas de A e 250 ações novas emitidas que passam para os ex-acionistas da empresa B. Na hipótese dessa operação de compra de B com ações de A os acionistas de A e de B obtêm uma rentabilidade igual, de 50% sobre seus patrimônios, percentual idêntico ao da taxa de ganho obtido com a sinergia gerada na operação. O novo preço de mercado da ação da empresa A fica igual a R$ 60 (R$ 75.000 ÷ 1.250).

Forma de Compra		Valor das ações, antes incorporação	Valor das ações, após a incorporação	Ganho
Compra com dinheiro	Acionistas de A	R$ 40.000	R$ 65.000	62,5%
	Ex-acionistas de B	R$ 10.000	R$ 10.000	(ágio igual a zero)
Compra de ações	Acionistas de A	R$ 40.000	R$ 60.000 [1]	50,0%
	Ex-acionistas de B que passam a acionistas de A	R$ 10.000	R$ 15.000 [2]	50,0%

[1] A: 1.000 ações a R$ 60/ação.

[2] ex-B: 250 ações a R$ 60/ação.

Na operação de incorporação através da compra em dinheiro, os acionistas da empresa incorporadora têm melhor rentabilidade do que no caso de compra por intermédio de novas ações limitadas. No primeiro, o ganho é de 62,5% e no segundo de 50%.

COMPRA OU *LEASING*?

Tema

Na prática dos negócios é comum verificar-se a necessidade de estudos econômico-financeiros para base da decisão sobre a melhor alternativa: comprar um bem ou alugá-lo. A compra realizada à vista ou a prazo, segundo esquemas de financiamento diversificados, é uma primeira opção para quem deseja ver registrado o aumento dos ativos imobilizados, e, em contrapartida, incremento no patrimônio líquido – caso de aumentos de capital social ou nas exigibilidades de longo prazo.

A opção de *leasing*, arrendando o bem de uma companhia de *leasing* financeiro, dá direito ao uso econômico do bem, mas não a propriedade, mediante o pagamento de um aluguel por determinado período (24, 36, 42 meses), havendo ainda no contrato o estabelecimento de opção de compra do bem por um valor previamente fixado, no meio ou no final do período de contrato, por um valor residual garantido, em geral de pequena proporção.

Como decidir para a escolha da melhor alternativa? Quais os parâmetros para a decisão?

Comentário

Pode-se afirmar que, em geral, a escolha deve partir do confronto dos fluxos de caixa descontados, referentes à compra ou ao *leasing* financeiro, mediante o uso do custo de capital da empresa como taxa de desconto.

O fluxo de caixa da compra deve conter os desembolsos referentes aos investimentos na compra, o valor residual estimado para o bem no final da vida útil e o crédito fiscal anual correspondente à depreciação fiscal permitida (taxa de depreciação × valor do investimento imobilizado). O crédito fiscal sobre os juros pagos no financiamento da compra são também levados em conta. As amortizações dos financiamentos constituem os desembolsos a serem computados.

A opção do *leasing* financeiro, em geral, é estudada por empresas que estão desenvolvendo projetos de investimentos ou de reposição de equipamentos, empresas locadoras, firmas com grande frota de veículos, transportadoras de carga e de passageiros e companhias empreiteiras. O alívio financeiro do capital de giro e os créditos fiscais sobre os aluguéis são os maiores atrativos do *leasing*. As empresas donas dos bens, as arrendadoras, costumam ter *spreads* atraentes nos contratos de *leasing* e podem inserir em seus negócios outros tipos de produto a exemplo de seguros e consultorias. Para a empresa arrendatária o *leasing* pode ser entendido como um financiamento de longo prazo, não registrado no exigível de seu balanço. No fluxo de caixa da operação são incidentes as prestações periódicas em que dão origem a créditos fiscais correspondentes. O valor residual garantido também é computado no fluxo de caixa se houver exercício da opção de compra. Se não houver antecipação de Valor Residual Garantido, a empresa arrendatária não necessita fazer a contabilização, reavaliação ou depreciação dos bens locados em seu uso. No *leasing*, as despesas de aluguel são registradas na Demonstração de Resultado através do regime de caixa. Eventuais antecipações do Valor Residual garantido são contabilizadas no Realizável de Longo Prazo, para, após o término do contrato de arrendamento, com o exercício da opção de compra, serem transferidas para o imobilizado, em que o processo de depreciação é reiniciado, considerando-se para cálculo a vida útil (não acelerada) remanescente.

A decisão sobre a melhor alternativa cabe ao menor valor presente dos fluxos de caixa descontados. De modo geral, quanto maior for o custo de capital da empresa, a solução *leasing* fica favorecida. Mas tudo depende do custo cobrado no aluguel e dos demais parâmetros do financiamento para compra, além do custo de capital da empresa interessada na questão.

5
GESTÃO DO CAPITAL DE GIRO

CAPITAL DE GIRO OPERACIONAL OU FINANCEIRO

Tema

Não basta a empresa realizar um conjunto de investimentos fixos (imóveis, construções, máquinas, equipamentos, veículos, móveis e utensílios, etc.) para colocar em funcionamento adequado um determinado projeto de implantação ou expansão empresarial ou mesmo um programa de incremento das atuais vendas. É necessário que se invista também em capital de giro, de modo a colocar em regime firme de operação os insumos produtivos. Tal investimento serve para cobrir o déficit de recursos que ocorre enquanto não forem recebidos os valores faturados correspondentes às receitas dos produtos vendidos após sua estocagem e conforme o período de financiamento das vendas. Na quantia correspondente ao investimento em capital de giro incluem-se os dispêndios com os estoques a serem estabelecidos, os financiamentos concedidos nas vendas, descontando-se os recursos obtidos com financiamentos recebidos nas compras de insumos e mercadorias dos fornecedores, além do dinheiro mínimo a ser mantido como reserva disponível. Em geral, há uma relação direta entre os volumes de produção e vendas a serem realizados e os investimentos necessários em capital de giro.

O capital de giro investido tem duas componentes básicas: a operacional e a financeira, que se complementam.

O Capital de Giro Operacional é o conjunto de Ativos Circulantes Operacionais (Estoques e Créditos dos Clientes a Receber) deduzido do Passivo Circulante Operacional (Crédito dos Fornecedores e Despesas e Gastos Correntes a Pagar). É a componente fundamental do capital de giro de qualquer negócio, estando relacionada com o seu ciclo produtivo e seu volume de receitas operacionais.

O Capital de Giro Financeiro ou de Tesouraria complementa o Capital de Giro Operacional, e é definido como o Ativo Circulante Financeiro (Disponibilidades e Aplicações Financeiras) deduzido do Passivo Circulante Financeiro (Empréstimo de Instituições Financeiras e Saldos de Títulos da Empresa vencíveis a curto prazo).

Muitas discussões financeiras são travadas a respeito da dimensão e adequação do capital de giro de uma empresa sem a compreensão exata, a extensão e a necessidade do controle separado desses dois tipos de capital de giro.

Comentário

O Capital de Giro Operacional se associa à especificidade de um negócio e ao ciclo financeiro da empresa resultante das políticas de gestão de estoque, de gestão das vendas e seu financiamento e de gestão das compras. O ciclo operacional é a soma do prazo médio de permanência dos estoques com o prazo médio dos créditos concedidos nas vendas, descontando-se o prazo médio dos créditos recebidos nas compras. A análise da estrutura e o manejo do monitoramento do Capital de Giro Operacional são essenciais para a gestão do capital de giro de um negócio. O Capital Circulante Líquido Operacional, ou Capital de Giro Operacional, está correlacionado diretamente com a dimensão das Receitas Operacionais do negócio.

Os recursos necessários à cobertura dos déficits financeiros das operações podem advir de recursos próprios permanentes do capital próprio (Patrimônio Líquido) ou de endividamentos de longo prazo. Caso isso não aconteça deverão ser providenciados recursos onerosos (com juros), originários de empréstimos bancários de curto prazo ou lançamento de títulos ou notas de débito, também de curto prazo. A escolha da melhor solução para financiamento dessa lacuna de recursos do déficit operacional depende da taxa de juros dos financiamentos bancários, do custo de capital da empresa e do perfil do fluxo financeiro correspondente ao ciclo operacional do negócio acoplado ao fluxo do próprio empréstimo cogitado. Com o financiamento bancário do déficit do Capital de Giro Operacional, o Capital de Giro Financeiro será certamente negativo, motivado pelos empréstimos contratados e pela inexistência de Aplicações Financeiras no Ativo Circulante.

No caso da existência de folgas financeiras, um determinado negócio pode apresentar a componente de Capital de Giro Financeiro com saldo positivo, em decorrência da inexistência de empréstimos bancários no Passivo Circulante ao lado de saldos positivos nas disponibilidades e nas aplicações financeiras registradas no Ativo Circulante Financeiro.

Dentro desse quadro de preocupações e variações, desenvolve-se a gestão financeira operacional de curto prazo, cujo instrumental essencial é o manejo do fluxo de caixa diário e sua projeção dinâmica, de atualização para horizontes de até um ano.

CAPITAL CIRCULANTE LÍQUIDO POSITIVO E NEGATIVO

Tema

Na gestão do capital de giro de uma empresa são importantes o monitoramento e a análise da variável Capital Circulante Líquido (CCL). Define-se CCL como a diferença entre o Ativo Circulante (AC) e o Passivo Circulante (PC):

$$CCL = AC - PC$$

Uma primeira visualização do CCL tem relação com as condições de liquidez corrente. Se o CCL for positivo, o quociente de liquidez corrente será superior à unidade. Se o CCL for nulo, o quociente de liquidez é igual a 1 (unidade) e CCL negativo significa liquidez inferior a 1 (unidade). Analisando o CCL como aplicação de recursos captados pela empresa, juntamente com o Realizável a Longo Prazo e o Ativo Permanente, o analista de capital de giro deve situar a adequação do seu posicionamento, positivo ou negativo, com referência aos recursos de longo prazo ou capital permanente da empresa. Como definir a dosagem adequada para esse posicionamento do CCL?

Comentário

Os recursos permanentes ou Capital Permanente registrado no Passivo do Balanço Patrimonial da empresa é a soma das Exigibilidades de Longo Prazo com o Patrimônio Líquido. Do outro lado, no Ativo ajustado, tais recursos permanentes são aplicados no conjunto CCL, Realizável a Longo Prazo (RLP) e Ativo Permanente (AP). A Figura 5.1 anota o caso do CCL positivo.

Figura 5.1

CCL > 0

CCL	ELP
RLP	
AP	P. Líq.

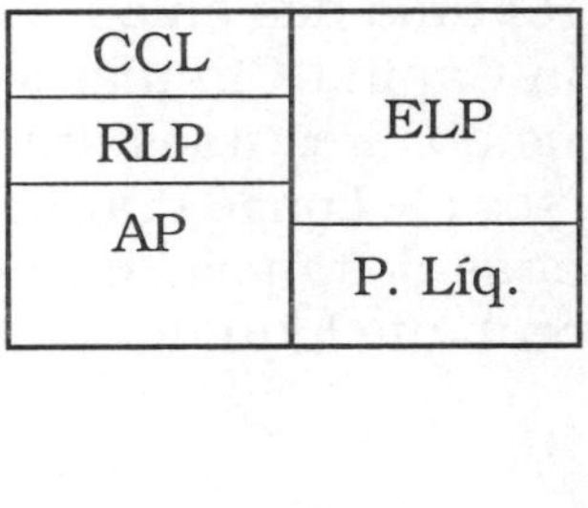

As Figuras 5.2 e 5.3 expõem os casos de CCL = 0 e CCL negativo, respectivamente.

Figura 5.2

CCL = 0

RLP	ELP
AP	P. Líq.

Figura 5.2

CCL < 0

RLP	ELP
AP	P. Líq.

No 3º caso, quando o Capital Circulante Líquido fica negativo, o quociente de liquidez corrente abaixo de 1, constata-se uma política de maior risco financeiro de curto prazo, traduzindo um desequilíbrio básico: fontes de recurso de curto prazo (CCL) suprindo, parcialmente, fundos aplicados a longo prazo (RLP e AP).

Um indicador importante para análise do posicionamento do Capital Circulante Líquido no contexto dos recursos de longo prazo é a fração CCL/(ELP + P. Líq.); no caso de CCL positivo, essa relação indica a proporção de recursos de longo prazo (capital permanente) que está sendo aplicada no giro da empresa. Quanto maior essa positividade mais tranquilidade financeira é observada. No caso de CCL = 0, está ocorrendo que todos os recursos de longo prazo estão sendo aplicados em ativos de longo prazo (RLP e AP) em um casamento julgado desejável por alguns analistas. No caso especial de Capital Circulante Negativo, a relação entre o CCL (em valor absoluto) e o total do Capital Permanente ou entre CCL e o total do RLP + AP, dá a medida da "distorção" ou desconforto do financiamento de ativos de longo prazo por meio de recursos de curto prazo.

Essa análise fica mais completa quando são examinados vários períodos, podendo-se ter uma idéia evolutiva de tendência do comportamento dos valores absolutos e das principais relações sugeridas.

Deve-se lembrar que na estrutura do Demonstrativo de Origem e Aplicação de Recursos (D.O.A.R.) uma das ênfases destacadas é a observação e explicação da Variação do Capital Circulante Líquido como variável de fechamento entre as Origens dos Recursos (Internas e Externas à empresa) e as Aplicações de Recursos (de Longo Prazo). A partir do D.O.A.R. pode-se realizar análises detalhadas dos movimentos e das tendências dos investimentos em Capital Circulante Líquido.

TEMPOS MAGROS, CAIXA GORDO

Tema

Em épocas de desenvolvimento econômico eufórico, os analistas consideram os altos níveis de dinheiro em caixa ou nas aplicações financeiras um verdadeiro desperdício pela perda de oportunidades em investir no próprio ou em novos negócios, com a finalidade de aumentar o valor da empresa. A pior aplicação para recursos restantes em uma empresa, em tempos de crescimento, é deixar o dinheiro colocado em papéis de renda fixa no mercado financeiro. O melhor negócio para se investir é aquele dos ramos industriais/comerciais/serviços afins ou complementares ao atual empreendimento. Agora, será que valem estas regras para conjunturas adversas ou de crises de desaquecimento ou recessão econômica? O que devem fazer os executivos financeiros e a direção estratégica das empresas em tempos de vacas magras, receitas e lucros descendentes, prejuízos e desconfortos na concorrência?

Comentário

Efetivamente, muitas empresas estão mostrando, na atual crise de desaquecimento/recessão nos EUA, verificada a partir de 2001, que manter um caixa sólido é muito importante. Adquirir uma alta liquidez em situações conjunturais desfavoráveis, em que as receitas e lucros declinam, é uma saída para tempos difíceis que necessita da decisão de cortar dispêndio de capital, de dispensar pessoal, de reduzir o nível de estoque da empresa, providências adotadas simultaneamente. Se as empresas têm contrato com seu empregados para pagamento de participações no lucro, em fase de desaquecimento ou prejuízos, economizará tais quantias. Pesquisa da revista Business Week, relativa aos resultados do 1º trimestre de 2001, em 124 grandes empresas norte-americanas, demonstrou que apesar do lucro ter caído 54%, suas posições de caixa não caíram tanto; em algumas dessas empresas o caixa até apresentou melhorias. Muitas delas chegam até a solicitar empréstimos nessas horas de declínio, para manter um nível de reservas de caixa que tranqüilize sua liquidez. A adoção de lançamento de títulos no mercado, de emissão das próprias empresas para formar colchões de liquidez em seus caixas, também é uma das formas que têm sido utilizadas. Ajustes contábeis de peso estão ocorrendo no sentido da baixa de lucros líquidos por força dos altos níveis de custos de depreciação registrados relativamente aos grandes investimentos imobilizados, realizados nos últimos anos nos Estados Unidos. Lucros minguados ou prejuízos até relevantes estão aparecendo nos resultados sem haver modificações na geração de caixa. Eis a explicação para altas posições de liquidez encontradas. A redução dos níveis de estoques está também resultando em maior geração de caixa, através de imposição de prazos mais curtos de pagamento aos clientes e prorrogação de pagamentos a fornecedores. Algumas empresas conseguem reduzir os estoques fazendo os fornecedores aumentarem a freqüência da diminuição dos volumes de entrega de produtos e com pagamentos feitos sem antecipações. Outras providências da empresa para reforço do caixa estão na diminuição dos dividendos, na eliminação das recompras de ações, não realizando aquisições de empresas a dinheiro. Tudo isso não altera o lucro líquido, mas reforça o fluxo de caixa. As empresas que conseguem criar um caixa robusto estão em melhor forma hoje do que as outras que não visaram essa meta, geralmente conseguida por aquele conjunto citado de medidas e monitoramento diário de seus fluxos de caixa.

Entretanto, os macroeconomistas apontam para o fato de que uma empresa adotando medidas para resguardar o seu caixa não está trazendo benefício para a economia como um todo. Um corte nos investimentos de capital e uma redução no nível de estoque prejudicam outra empresa. É como caracterizam alguns, a aplicação da lei das conseqüências não previstas: no que faz sentido para um negócio, acaba se tornando um grande estrago coletivo, conforme conclusão do artigo da revista Business Week de Peter Coy e Michael Arudt, publicado no Valor de 7/11/2001.

GESTÃO OPERACIONAL E FINANCEIRA DO CAPITAL DE GIRO

Tema

O posicionamento e a Gestão do Capital de Giro de uma empresa representam funções essenciais para seu gerenciamento financeiro de curto prazo. Em termos contábeis gerais, o posicionamento de giro se verifica através do cálculo e do monitoramento do quociente de liquidez corrente, comparando globalmente os Ativos Circulantes e os Passivos Circulantes. Outra forma de mensurar essa questão é a utilização do Capital Circulante Líquido, diferença entre o Ativo Circulante e o Passivo Circulante, que passa a ser relacionada com o Capital Permanente investido e as Receitas Operacionais de Venda.

Objetivando uma adequada Gestão do Capital de Giro é necessário um detalhamento maior em suas duas segmentações básicas: o capital de giro operacional e o capital de giro financeiro. Nem sempre é encontrado o gerenciamento adequado dos ativos e passivos circulantes com a separação ordenada dessas duas faixas, com ênfase maior nos ativos e passivos operacionais. Estes são determinantes dos prazos de giro de suas parcelas componentes (estoques, títulos a receber e títulos a pagar) e os prazos correspondentes aos ciclos operacionais e ciclos financeiros dos produtos. E como ficam os integrantes dos ativos e passivos circulantes financeiros?

Comentário

Conforme se observou, a atenção maior da Gestão do Capital de Giro de uma empresa deve concentrar-se no manejo do capital de giro operacional, diferença entre os componentes do Ativo Circulante Operacional e o Passivo Circulante. O Ativo Operacional é composto basicamente dos Estoques e dos Créditos dos Clientes a Receber, enquanto o Passivo Circulante Operacional abrange os Créditos de Fornecedores e os Créditos referentes às despesas e aos gastos operacionais a pagar. Define-se Capital Circulante Líquido Operacional, ou Necessidade de Capital de Giro, como a diferença entre o Ativo Circulante Operacional e o Passivo Circulante Operacional. Em geral, o valor do CCL Operacional é medido em termos de dias de Receitas Operacionais nas análises de desempenho do capital de giro. Quanto maior for essa relação, tanto maior será a dimensão do CCL Operacional em proporção às Receitas Operacionais.

O Ciclo Operacional da empresa está relacionado com a soma dos prazos de permanência dos estoques e do prazo dos créditos concedidos aos clientes. O Ciclo Financeiro é calculado pela diferença entre o prazo do Ciclo Operacional e o prazo médio de compras junto aos fornecedores. Quanto menor for o Ciclo Financeiro, e em termos positivos, mais próximo estará o recebimento das vendas em relação ao pagamento das compras (anterior ao recebimento das vendas) no ciclo mensal de operações.

No caso de a empresa ter saldo positivo na diferença entre o Ativo Circulante Financeiro (disponível mais aplicação financeira) e o Passivo Circulante Financeiro (Empréstimos de Instituições Financeiras e Bônus da empresa), o Capital Circulante Líquido Financeiro apresenta-se positivo. Há sobras de recursos, que poderão ser destinados a dividendos ou a novos projetos de investimento no Ativo Permanente. Se o CCL Operacional estiver negativo, juntamente com o CCL Financeiro positivo, os créditos de fornecedores e de outros gastos devem estar custando menos do que a taxa de rendimento das Aplicações Financeiras. Caso contrário tais aplicações deveriam pagar os créditos de fornecedores mais caros, diminuindo, assim, o endividamento da empresa.

Outro caso importante se refere ao CCL Financeiro negativo (Passivo Circulante Financeiro superior ao Ativo Circulante Financeiro), que estará financiando o Capital Circulante Líquido Operacional positivo. Se o CCL Operacional também for negativo, os endividamentos financeiro e operacional a curto prazo, estão proporcionando cobertura a Ativos Permanentes ou RLPs, situação desbalanceada que deteriora as condições econômico-financeiras da empresa.

6
MENSURADORES DE PERFORMANCES

MINHA MARGEM É DE 3%

Tema

Em entrevista ao jornal O GLOBO de 7 de outubro de 2001, o então presidente da VARIG, Ozires Silva, ao responder à pergunta incisiva se a VARIG e a TAM estavam aumentando tarifas em percentuais semelhantes, respondeu negativamente, que não havia tal combinação. Ozires indicou que as duas companhias aéreas tinham estruturas de custos semelhantes, por operarem os mesmos tipos de aeronave e por isso reajustaram tarifas em 2,7% a TAM e 3% a VARIG, isso após sofrerem aumento do preço de combustível de avião de 18% nos últimos 12 meses. A VARIG não tem como absorver esse aumento, pois sua margem é de 3%, concluiu o presidente Ozires.

Comentário

O que está impreciso na afirmação é a referência final de que a margem da companhia é de 3%. É muito comum ouvir-se de analistas e conferencistas ou ler-se em entrevistas e artigos, menções como esta, em relação a margens de operações ou de resultados. Seria necessária melhor caracterização para precisar qual a margem que estaria sendo colocada: uma relação entre lucros brutos, ou lucros operacionais ou lucros líquidos e receitas brutas ou líquidas geradas pelo movimento das vendas da empresa. Todas essas variáveis podem gerar percentuais diferenciados de margens, conforme os conceitos que se adotem. Em nome da precisão, caberia uma definição apropriada para tal percentual.

TAXA DE RETORNO OU VALOR PRESENTE LÍQUIDO

Tema

Nas análises de investimentos, muitos autores têm indicado que existem vários métodos alternativos para comparar e selecionar opções de projetos de investimentos mutuamente exclusivos. Sugerem, então, que um processo expedito a ser aplicado é o cálculo do *payback* de cada opção, devendo ser preferida aquela com menor período em que os ganhos gerados nos projetos fazem retornar o investimento total aplicado, independentemente do perfil dos fluxos de entrada de caixa dos ganhos e das saídas dos investimentos. Também é configurado como método válido para comparar projetos de investimento o da escolha da opção que apresentar a maior taxa interna de retorno relativamente ao investimento aplicado. A taxa interna de retorno é a taxa de juros composta que torna nulo o valor atual do fluxo de caixa do projeto. Além disso, há indicação do método do fluxo de caixa descontado para utilização na escolha do melhor investimento. Qual dos métodos deve ser escolhido? Todos ou apenas um? Nesse ambiente, os alunos de finanças e interessados nessa questão essencial das finanças corporativas e em decisões estratégicas nas empresas devem tomar qual partido?

Comentário

Os dois primeiros métodos relatados não devem ser aplicados como básicos à decisão de escolha da melhor opção entre vários investimentos. O método do *payback* serve apenas para uma primeira indicação do período de retorno de um investimento. O uso da taxa interna de retorno, apesar de ser um indicador intrínseco de *Cash-Flows* de projetos convencionais (aqueles que têm apenas uma inversão de sinal de saídas de caixa para entradas de caixa) não serve para comparações entre projetos convencionais e não-convencionais (com várias taxas internas de retorno positivas). Em suma, o método da taxa interna de retorno não é genericamente positivo para comparações de *Cash-Flows*.

Resta, então, o método que se pode caracterizar como geral, do Valor Presente Líquido do *Cash-Flow*, para comparação e seleção de várias opções, desde que se conheça e aplique como taxa de desconto o custo de capital do investidor nos projetos. O custo de capital é a referência básica que traduz o custo médio de captação dos recursos (de empréstimo e de capital próprio) que financiarão o investimento de cada projeto. O Valor Presente Líquido do fluxo de caixa de um projeto, calculado pela aplicação do custo de capital conhecido, será o medidor do Valor Gerado em decorrência da implantação do projeto. Calculados os diversos VPLs dos diferentes projetos, aquele que apresentar o maior valor do VPL deverá ser escolhido. Tem-se, assim, no cálculo do VPL dos fluxos de caixa, uma metodologia para orientação geral do trabalho de comparação, ranking e seleção entre vários projetos alternativos. Esse método é o mais aplicado nas finanças corporativas e nas avaliações de negócios.

VARIAÇÕES NAS TAXAS E NAS FRAÇÕES

Tema

Nas análises de performances técnicas, mercadológicas, econômicas, financeiras e outras mais, é muito comum a utilização de relações ou quocientes (*ratios*) para observação, controle, medição e interpretação de comportamentos. O conhecimento dessas relações ajuda os especialistas a posicionar e comparar desempenhos e produtividades. Na área técnica são muito utilizadas as relações produção/mão-de-obra empregada, o quociente de *out-put/in-put* (produtos fabricados/energia elétrica consumida); na área financeira, são conhecidas: Margem Bruta (Lucro Bruto/Receita Líquida) e Margem Líquida (Lucro Líquido/Receita Líquida), as taxas de rentabilidade sobre o Ativo Total (Lucro Líquido/Ativo Total) e sobre o Patrimônio Líquido (Lucro Líquido/Patrimônio Líquido) e o quociente de Liquidez (Ativo Circulante/Passivo Circulante).

Durante certo período de evolução, o quociente escolhido para análise de desempenho pode variar, em ritmo crescente ou decrescente, em área positiva ou negativa, ou simplesmente pode ficar estacionário. Como estabelecer um padrão adequado de análise para interpretação da evolução de um quociente? Há debates e preferências a respeito.

Comentário

A evolução do comportamento de um quociente (*ratio*) deve ser interpretada e complementada com a análise das duas variáveis que o compõem (a do numerador e a do denominador). O quociente por si só não diz tudo a respeito das variáveis participantes.

Aritmeticamente falando, o quociente de duas variáveis não se altera se altera se tanto a variável do numerador quanto a do denominador forem multiplicadas ou divididas por um mesmo número:

$$\frac{a \cdot m}{b \cdot m} = \frac{a}{b}$$

$$\frac{a \div m}{b \div m} = \frac{a}{b}$$

Exemplificando, a rentabilidade sobre o Patrimônio Líquido de uma empresa não se altera se tanto o lucro líquido (numerador) como o Patrimônio Líquido (denominador) crescerem segundo a mesma taxa. Uma empresa que teve no ano de 1999 a rentabilidade do Patrimônio Líquido igual a 20%, com Lucro Líquido de US$ 50 e Patrimônio Líquido de US$ 250 (50/250 = 0,20 = 20%), no ano 2000, se tanto o Lucro Líquido como o Patrimônio Líquido crescerem 10%, a rentabilidade sobre o Patrimônio Líquido dessa empresa permanece em 20%.

$$\frac{US\$\ 50 \cdot US\$\ 1,10}{US\$\ 250 \cdot US\$\ 1,10} = \frac{US\$\ 55}{US\$\ 275} = 20\%$$

Nas frações, se o numerador crescer à taxa superior ao denominador o valor da fração cresce. Caso contrário, a fração decresce. No exemplo anterior, se o lucro crescer 20% e o Patrimônio Líquido 10%, a rentabilidade se eleva para $(50 \times 1,20) \div (250 \times 1,10) = \frac{60}{275} = 21,8\%$.

E no caso de o lucro só crescer 5% com o Patrimônio Líquido evoluindo 10%, a rentabilidade cai para 19,1%.

$$\frac{US\$\ 50 \cdot US\$\ 1,05}{US\$\ 250 \cdot US\$\ 1,10} = \frac{US\$\ 52,5}{US\$\ 275} = 19,1\%$$

No caso de adições e subtrações de mesmo valor no numerador e no denominador de uma fração, poderá a relação crescer ou decrescer, caso ela seja uma fração própria (numerador menor do que o denominador) ou fração imprópria (numerador maior do que o denominador) conforme se pode visualizar no exemplo do quadro seguinte:

Casos	Fração Própria	Fração Imprópria
Soma de mesmo valor no numerador e no denominador	$\frac{5}{7} = 0,714$ cresce ↑ $(5 + 2) / (7 + 2) = \frac{7}{9} = 0,778$	$\frac{9}{7} = 1,286$ decresce ↓ $(9 + 2) / (7 + 2) = \frac{11}{9} = 1,222$
Subtração de mesmo valor no numerador e no denominador	$\frac{5}{7} = 0,714$ decresce ↓ $(5 - 2) / (7 - 2) = \frac{3}{5} = 0,600$	$\frac{9}{7} = 1,286$ cresce ↑ $(9 - 2) / (7 - 2) = \frac{7}{5} = 1,400$

SÉRIES TEMPORAIS DESESTACIONALIZADAS OU SIMPLES

Tema

Os diversos tipos de análises temporais de que se utilizam as finanças, a contabilidade, o marketing, a produção e outras áreas poderão ser baseados em registros estatísticos de quantidades e valores simples, que serão transformados em índices, através do mecanismo da regra de três, escolhendo-se um período ou data para base de referência 100, em geral o primeiro período da série. Não é obrigatória essa escolha. A data referencial, por interesse específico ou conveniência, pode ser qualquer período da série, em lugar do inicial. Os índices evolutivos simples, gerados dessa forma, servem para dar a medida da tendência evolutiva, de acordo com o crescimento ou decréscimo da variável em análise, em cada período, através do posicionamento do índice do período, relativamente ao índice 100 daquela variável no período-base.

Quando a série de valores de uma variável se caracteriza por apresentar uma sazonalidade de ocorrência em determinados períodos, uma sofisticação estatística "depura" a série para eliminar os efeitos das flutuações sazonais, produzindo uma série revisada desestacionalizada ou dessazonalizada, expurgada das oscilações cíclicas. Qual o interesse e os objetivos práticos dessa última série? Como interpretar os seus resultados?

Comentário

A determinação dos fatores sazonais (ou estacionais) tem a utilidade de ajudar as previsões de curto prazo. Deve-se calcular o índice sazonal para cada período que represente uma percentagem de sua média no período global. Se o índice sazonal de vendas do 1º trimestre foi de 90, isso significa que as vendas do 1º trimestre foram, em geral, inferiores a 10% do trimestre médio ao longo do ano. A expressão de cada índice sazonal como percentagem da média anual pode ser encontrada por três métodos: da porcentagem média, porcentagem da tendência e das médias móveis. A desestacionalização da série de dados é efetivada dividindo-se os dados originais pelos respectivos índices sazonais encontrados e multiplicando-se o resultado por 100. Esses dados, desestacionalizados, incluem os movimentos de tendência cíclicos e aleatórios. A média dos índices sazonais deve ser igual a 100. A série de valores desestacionalizados indica quais seriam os valores encontrados se não tivesse havido variações sazonais.

MÉDIA E DESVIO-PADRÃO

Tema

Conjuntos e distribuições de dados são caracterizados por diversas medidas de posicionamento, das quais se destaca o valor da média dos dados componentes. Vários tipos de média são definidos: simples, ponderada, geométrica e harmônica. A principal definição de média (simples ou ponderada) é, em geral, associada ao conjunto, para servir de termo de comparação com a média de outro conjunto.

Dois conjuntos com números diferentes de dados e grande dispersão entre os valores extremos poderão apresentar a mesma média, fazendo qualquer comparação entre eles ser apenas indicativa, sem utilidade prática maior. De forma a complementar a caracterização dos conjuntos de dados pelas médias respectivas, é preciso a definição de uma medida da dispersão dos dados, de modo que fiquem precisamente configuradas a posição média e as condições de dispersão dos dados. A medida das diferenças ou dispersão entre os dados do conjunto é calculada pelo desvio-padrão dos dados, ou por um conceito quase equivalente chamado de variância. O desvio-padrão é usado também como medida de volatilidade e de risco vinculada a uma série ou conjunto de valores que variam bastante.

Comentário

A média (aritmética simples) de um conjunto de valores é definida e calculada pela soma dos valores dividida pelo número deles. É sempre determinada para funcionar como variável de posição, representativa desse conjunto de valores.

A média, apresentada isoladamente, é uma informação insuficiente a respeito do conjunto de dados focalizado. Uma complementação relevante da média é fornecida pelo desvio-padrão dos dados desse conjunto. Desvio-padrão é determinado pela raiz quadrada da variância dos dados. A variância é a média aritmética dos quadrados dos desvios entre cada dado do conjunto e sua média aritmética. Quanto maior o desvio-padrão, maior será a dispersão entre os valores do conjunto, maior a volatilidade dos dados do conjunto. Quanto menor o desvio-padrão mais homogêneo será esse conjunto, com os dados apresentando maior proximidade da média.

Essas considerações servem para ilustrar a necessidade de se estabelecer sempre o binômio média e desvio-padrão para precisa caracterização de um conjunto de dados. Costuma-se apresentar, além desse binômio, como medidor importante do relacionamento da dispersão e da média, o conhecido coeficiente de variação referente ao conjunto, definido como a relação entre o desvio-padrão e a média do conjunto. Quanto maior for o coeficiente de variação mais heterogêneo ou mais disperso é o conjunto de dados. Coeficientes de variação mais baixos são próprios de conjunto de dados pouco dispersos, homogêneos, com pequenas diferenças em relação à média.

TAXA DE RETORNO SIMPLES E TAXA INTERNA DE RENTABILIDADE

Tema

A caracterização econômico-financeira de um projeto pode ser explicitada, após os devidos cálculos competentes, através da indicação da taxa de retorno simples, obtida da projeção do lucro líquido anual, em geral constante, dividido pelo valor do investimento realizado. Trata-se de uma primeira aproximação da questão de rentabilidade do projeto. Um cálculo mais preciso para esta caracterização é feito através das calculadoras financeiras e dos computadores, da taxa interna de retorno do investimento, em que se conhece o seu fluxo de caixa projetado. A partir desse fluxo se determina a taxa de juros composta que torna o valor descontado do *Cash-Flow* igual a zero. Essa taxa é chamada de taxa interna de retorno ou taxa interna de rentabilidade do *Cash-Flow* do projeto ou do projeto.

O que se indaga normalmente é se essas duas taxas podem ser usadas para um mesmo projeto e até onde a taxa de retorno simples é uma boa aproximação para a taxa interna de retorno.

Comentário

Um projeto cuja projeção de lucro líquido anual constante é de R$100 e o investimento realizado foi de R$ 500 terá uma taxa de retorno simples de $\frac{100}{500}$ = 20% ao ano. Em outras palavras, isso quer dizer que em 5 anos o investimento será recuperado pelos lucros líquidos anuais de R$100. Se a vida útil desse projeto for de 10 anos e a geração de caixa constante anual de R$150 (lucro líquido de R$100 e custo de depreciação de R$ 50), então a taxa interna de retorno nesse caso seria de 27,3% ao ano, calculada pela HP-12C. Se fosse mais elevada a vida útil, 15 anos, a taxa interna de retorno atingiria 25,8% ao ano. Se a vida útil fosse maior, 20 anos, a geração de caixa decresceria para R$ 125/ano e a taxa interna de retorno seria de 24,7% ao ano. Note-se que a taxa de retorno simples é baseada no lucro líquido, enquanto a taxa interna de retorno se apóia no *Cash-Flow* anual (lucro líquido mais depreciação).

Quanto maior for a relação entre a geração de caixa anual e o lucro líquido básico, menos precisa será a estimativa da taxa interna de retorno pela taxa de retorno simples, medida com o lucro líquido projetado, como se ilustra ainda a seguir. Relembrando, sendo a geração projetada de caixa de R$150 (150% do lucro líquido projetado) para um período de 10 anos, a taxa interna de retorno seria de 27,3% ao ano. Aumentando o período para 15 anos o *Cash-Flow* anual decresce para R$133,3/ano (133% do lucro líquido), a TIR desceria para 25,8% ao ano; no caso de 20 anos de *Cash-Flow* anual de R$125 (125% de lucro líquido) a taxa interna diminuiria para 24,7% ao ano. Em todos esses casos a taxa de retorno simples ficaria no nível de 20% ao ano.

Concluindo, cabe reforçar que a taxa interna de retorno, pela sua precisão, é a mais utilizada nos cálculos financeiros das análises de investimento, enquanto que a taxa de retorno simples serve para estimativas expeditas, em primeira aproximação, nos estudos prévios de investimentos.

RENTABILIDADES CONTÁBEIS SOBRE INVESTIMENTOS

Tema

Com base nos principais demonstrativos financeiros – Balanço Patrimonial e Demonstrativo do Resultado do Exercício – os esforços de análise econômico-financeira das performances de uma empresa costumam destacar duas taxas de rentabilidade: a taxa relativa ao Ativo Total e a taxa referente ao Patrimônio Líquido. O retorno sobre o Ativo mede o desempenho global da empresa expresso pelo lucro líquido sobre o total dos recursos aplicados no negócio, o que significa o valor dos ativos totais. É um medidor de performance global, caracterizado nos EUA como R.O.A. (*return on assets*).

Além dessa taxa é muito utilizada a taxa de rentabilidade sobre o patrimônio líquido, que é definida pela relação entre o lucro líquido e o capital próprio representado pelo Patrimônio Líquido. Em inglês, essa razão é o R.O.E. (*return on equity*), que traduz uma medição da performance do capital próprio dos acionistas.

O que se pergunta é se esses dois indicadores expressam de forma completa o conjunto de instrumentos para medição do desempenho das rentabilidades sobre os recursos movimentados pela empresa. Há, ainda, outros indicadores a considerar, que tenham sentido importante para tal fim?

Comentário

De modo geral, as duas taxas de rentabilidade citadas são as mais conhecidas para medir o nível de remuneração dos recursos totais movimentados e dos recursos de capital próprio investidos, este último de interesse específico dos acionistas ou cotistas da empresa.

Vale notar que entre os dois indicadores existe uma relação importante:

R.O.E. = R.O.A. x (Ativo Total/Patrimônio Líquido)

Um terceiro tipo de rentabilidade, sobre o investimento dos recursos de longo prazo, ainda deve ser acrescentado como um medidor de performance do lucro líquido sobre o Capital Permanente Investido, definido como soma do Patrimônio Líquido e Exigível a Longo Prazo. É o famoso R.O.I. (*return on investment*) muito usado em estudos de análise do desenvolvimento da empresa para horizontes de médio e longo prazos nas finanças corporativas.

O Capital Permanente se diferencia do Ativo Total. Ele é uma resultante do total do Ativo subtraído do Passivo Circulante. A leitura da taxa de retorno sobre o investimento deve conduzir as análises de longo prazo, traduzindo a modelagem estratégica posta em marcha na empresa.

Exemplificando, para o caso do seguinte Passivo do Balanço Patrimonial:

Passivo	**R$**	
Circulante:	30	
ELP:	100	} Capital Permanente: 280
Patrimônio Líquido:	180	
Total Passivo:	310	

Caso o lucro líquido do ano tenha sido R$ 20, as 3 rentabilidades auferidas são:

$$R.O.A. = 20 \div 310 = 6,5\%$$
$$R.O.E. = 20 \div 180 = 11,1\%$$
$$R.O.I. = 20 \div 280 = 7,1\%$$

O Capital Permanente ou Capital Investido na empresa se compõe das fontes de recursos de longo prazo (Exigível a Longo Prazo e Patrimônio Líquido), os quais são aplicados em três ativos básicos: Capital Circulante Líquido (Capital de Giro), Realizável a Longo Prazo e Ativos Permanentes.

COMPARAÇÃO DE PROJETOS: PAYBACK OU TAXA INTERNA DE RETORNO OU VALOR PRESENTE LÍQUIDO

Tema

A partir da estruturação dos diversos capítulos disciplinares que compõem o estudo de viabilidade de um projeto, podem ser executadas as projeções econômico-financeiras referentes a investimentos, receitas, custos, despesas, resultados e *Cash-Flow* de acordo com as premissas de crescimento adotadas. Os livros de finanças expõem diversos processos para comparação e seleção da melhor opção entre vários projetos mutuamente exclusivos.

Encontra-se freqüentemente o método do *payback*, prazo de retorno do investimento ao fim do qual a soma das entradas de caixa líquidas ocorridas (ou também os lucros líquidos segundo outros autores) fazem retornar os investimentos realizados.

Adicionalmente, há autores que sugerem o método da taxa interna de retorno (T.I.R.), taxa de juros composta que faz o valor atual das entradas líquidas de caixa igualar-se ao valor atual dos investimentos efetuados. A maior taxa interna de retorno de várias opções corresponderia ao melhor projeto de investimento.

E, por final, pela grande maioria, há a recomendação de que a escolha do investimento deve ser baseada no VPL, Valor Presente Líquido, dos fluxos de caixa dos projetos, calculados através do uso da taxa do custo de capital dos recursos da empresa que promoverá os projetos, como taxa de atualização dos valores do fluxo de caixa.

Comentário

O critério de *payback* serve como primeira informação sobre os projetos em comparação. Se um projeto tem *payback* de 3 anos, isso significa tão-somente que em 3 anos o total acumulado dos fluxos líquidos de caixa positivos equivale ao total dos investimentos efetivados. Nenhuma informação é dada sobre o que acontece nos projetos além dessa marca de 3 anos. Um projeto pode ter um *payback* de 3 anos, mas gerar caixa positiva até

15 anos, enquanto outro projeto de mesmo *payback* poderá ter fluxo de caixa positivo por somente 4 anos. Qual deles será o melhor? Há que se ter outro método adicional para aferição.

Um critério "perigoso" para escolha do melhor investimento é o da Taxa Interna de Rentabilidade. Se um projeto A tiver Taxa Interna de Rentabilidade de 20% ao ano e outro projeto B de 25% ao ano, a escolha seria pelo projeto B, de maior taxa. O resultado poderá estar correto ou não, dependendo do comportamento do custo de capital dos recursos captados pela empresa promotora do projeto. Conforme o perfil das curvas de Valor Atual desses dois projetos e o comportamento do Custo de Capital, a solução ótima poderá ser A ou B. O método da Taxa Interna de Rentabilidade não serve para comparar projetos não-convencionais (com mais de uma Taxa Interna de Retorno positiva) entre si ou com outros projetos convencionais (somente uma TIR). Por exemplo: o projeto A não-convencional possui duas Taxas Internas de Retorno, de 10% ao ano e de 35% ao ano. O projeto B convencional tem taxa de retorno de 25% ao ano. Qual o melhor?

O método geral, cada vez mais utilizado para comparação de dois ou mais projetos, é o do Valor Presente Líquido dos *Cash-Flows* dos projetos, usando como taxa de desconto a taxa do custo do capital dos recursos da empresa que irá desenvolver os projetos. Esse custo de capital estabelece um piso para a rentabilidade intrínseca do projeto que se deseja implantar. Caso o Valor Presente Líquido (VPL) do fluxo de caixa do projeto seja positivo, isso que dizer que se produz uma geração de valor igual ao VPL, medido na data inicial. Essa geração de valor traduz um ganho adicional à situação de nivelamento básico conseguido com os recursos do fluxo de caixa aplicados ou emprestados, segundo uma taxa de juros imputada igual ao do custo de capital da empresa (média ponderada dos custos dos recursos de terceiros e dos custos dos capitais próprios investidos). Caso o Valor Presente Líquido seja negativo, há destruição de valor. O VPL, pelo método de comparação dos *Cash-Flows,* passa a ser o parâmetro decisório para a priorização dos projetos em seleção. O maior VPL corresponderá ao melhor projeto a ser escolhido, não existindo outras restrições, como orçamento inicial limitado, localização compulsória ou outros motivos.

A escolha preferencial pelo Método do Valor Presente Líquido tem sua fundamentação no fato de que o custo de capital utilizado em sua metodologia, ao ser aplicado ao fluxo de caixa do projeto, faz a distribuição temporal das entradas e saídas de caixa ser ponderada pelo "custo médio" dos recursos que são envolvidos, fazendo explicitar o quanto o projeto ganha acima desse piso ou "barreira" estabelecida pelo "custo médio". Em outras palavras, a escolha a ser feita pelo método já leva em conta a oportunidade de aplicação dos recursos realizada no piso mínimo estabelecido pelo custo de capital.

RELAÇÃO PREÇO-LUCRO: HISTÓRICA OU PROJETADA

Tema

Um dos indicadores mais utilizados pelos analistas em suas avaliações fundamentalistas sobre o desempenho das aplicações em ações é a relação preço-lucro (P/L). Outros indicadores como preço/valor patrimonial, preço/*yield* do dividendo (*dividend yield*), *payout* são também utilizados, mas tradicionalmente o P/L é um dos mais conhecidos e utilizados.

Algumas interpretações diferenciadas podem ser encontradas a respeito da caracterização da relação preço-lucro de uma ação. Primeiramente, a mais difundida, porém menos precisa, é a que considera o P/L como sendo o número médio de anos em que o investidor recupera o seu investimento na ação. Assim, caso a relação entre o preço da ação e o lucro líquido por ação seja igual a 10, P/L = 10, o retorno da aplicação do investidor se dá em 10 anos. Efetivamente, esse conceito serve como referência básica, mas não necessariamente o retorno do capital aplicado por um investidor na ação se fará em 10 anos. A recuperação do capital investido na ação poderá ser efetivada em 1 ou 2 anos, dependendo do movimento mais favorável no futuro mais próximo das bolsas e daquele papel específico.

Melhor conceituação para a relação P/L é dada por muitos analistas que consideram esse quociente como um "multiplicador", que posiciona o preço da ação como um múltiplo do lucro líquido por ação. O acompanhamento permanente desse multiplicador permite uma idéia das posições relativas entre os preços da ação, em função dos lucros auferidos, oferecendo um quadro em que o multiplicador se localiza em patamares altos ou baixos. Uma dúvida metodológica na apuração das relações preço/lucro de ação sempre é encontrada: os lucros deverão ser valores do passado, do presente ou deverão ser valores projetados para o futuro?

Comentário

Efetivamente a relação P/L pode ser calculada de três maneiras básicas, conforme a disponibilidade dos dados de lucros da empresa:

1º) preço dividido pelo lucro líquido por ação apurado no último exercício;

2º) preço dividido pelo lucro líquido por ação apurado nos 12 últimos meses terminando no último trimestre civil encerrado;

3º) preço dividido pelo lucro líquido por ação projetado para o próximo ou os próximos exercícios.

Os dois primeiros cálculos são eminentemente contábeis, embutindo uma certa heterogeneidade entre o preço atual, fruto de expectativas futuras, e o lucro líquido de exercício passado. A melhor estruturação para a relação Preço/Lucro, sem dúvida, é o quociente entre o preço e o lucro líquido projetado, ambos homogêneos, pois se referem ao futuro da empresa, exigindo esforços de pesquisa e estudos de projeção sobre os possíveis comportamentos da empresa.

Relações preços/lucros altas em geral acompanham fases de crescimento e valorização de um papel. Níveis elevados de P/L podem indicar pontos de venda da ação, em face das expectativas futuras e da posição do indicador no passado.

Relações preços/lucros baixas são encontradas em fases de quedas de preços das ações. Um ponto baixo na relação P/L pode indicar um momento de compra da ação que tem marca forte e potencial para relançamento de seu crescimento. Não se deve esquecer também de que baixo nível de P/L pode acontecer no caso de uma empresa efetivamente mal administrada, sem orientação estratégica adequada, em fase de obsolescência funcional e sem perspectivas de reversão nesse quadro desfavorável.

Também deve ser feita referência ao fato de que analistas modernos vêm substituindo ou complementando o indicador P/L pela relação preço/geração de caixa, o fluxo de caixa representado pelo EBITDA (lucro antes dos juros, impostos, depreciação e amortização), de modo a ter uma relação (projetada) mais consistente, não dependente de critérios eventualmente arbitrários e contabilísticos para definir os lucros, e independentemente da forma de financiamento utilizada na estrutura de capital da empresa.

APRENDA COM OS *Maiores Especialistas* DO MERCADO

Dilemas na Gestão Corporativa

Autor: José Antonio Rodrigues

Formato: 18 x 25 cm

Págs.: 112

Este livro tem como foco a proposta de agregar valor aos estudiosos da área empresarial. Os exemplos discutidos na obra formam um instrumento importante para agregação de valor aos estudiosos e executivos no campo da gestão de empresas. Os temas abordados pelo autor se dividem em: Governança Corporativa, Planejamento e Estratégia, Gestão de Pessoal, Cadeias de Formação de Valor, Inovação e Responsabilidade Social.

Mercado Financeiro (15ª edição)

Autor: Eduardo Fortuna

Formato: 18 x 25 cm

Págs.: 656

O livro foi atualizado de acordo com as últimas normas legais, e inclui todas as novidades relacionadas aos fundos de investimentos. Procurando adequar a obra ao novo cenário da economia globalizada, o autor inclui também um anexo, onde explica, de forma resumida, a origem e o funcionamento das principais instituições multilaterais de crédito, como o FMI e o Banco Mundial, que repassam recursos aos países.

APRENDA COM OS **Maiores Especialistas** DO MERCADO

Administração de Finanças Empresariais

Autor: José Roberto Machado

Formato: 18 x 25 cm

Págs.: 240

Este livro pode ser considerado um manual de finanças empresariais. José Roberto Machado se vale de sua experiência como profissional de finanças e professor universitário para escrever uma obra que enfoca os principais temas da administração financeira, desde a utilização das máquinas de calcular profissionais até os processos decisórios do gestor financeiro. Escrito em linguagem simples e clara, sem os jargões técnicos, o livro é um instrumento prático de suporte às decisões financeiras das empresas.

O Brasil e o Sistema Financeiro Nacional

Autor: Antônio Alberto Grossi Fernandes

Formato: 18 x 25

Págs.: 228

Esta obra propicia ao leitor uma visão crítica da realidade brasileira, por meio de um texto agradável onde o "economês" é traduzido para o português e os conceitos técnicos são apresentados com clareza e objetividade.

Para escrever este livro, o autor baseou-se em uma pesquisa de cerca de um ano sobre o mercado financeiro no Brasil.

APRENDA COM OS *Maiores Especialistas* DO MERCADO

Análise Econômica de Investimentos
(EVA – Valor Econômico Agregado)
Autor: Juracy Vieira de Carvalho
Formato: 18 x 25 cm
Págs.: 440

O autor se vale de uma longa vivência na área de economicidade de empresa para abordar temas indispensáveis à gestão de investimentos em ativos. O livro é um verdadeiro manual, passo a passo, de Análise Econômica de Investimentos, onde o leitor encontrará desde conceitos elementares da matemática financeira até uma abordagem aprofundada da Análise de Investimentos, o que o torna de grande utilidade para profissionais de outras áreas que desejam obter uma melhor compreensão do assunto e para pessoas da área que queiram se reciclar e se aprofundar no tema.

Entre em sintonia com o mundo

QualityPhone:
0800-263311
Ligação gratuita

Qualitymark Editora
Rua Teixeira Júnior, 441 - São Cristóvão
20921-400 - Rio de Janeiro - RJ
Tel.: (0xx21) 3860-8422
Fax: (0xx21) 3860-8424

www.qualitymark.com.br
e-mail: quality@qualitymark.com.br

Dados Técnicos:

• **Formato:**	18x25
• **Mancha:**	14x21
• **Fonte Títulos:**	Bookman Old Style Bold
• **Fonte Texto:**	Bookman Old Style
• **Corpo:**	11
• **Entrelinha:**	13
• **Total de Páginas:**	144